Jonas van Melling

Maria in der Kunst

Jonas van Melling

Maria in der Kunst

Darstellung der Muttergottes in Malerei und Skulptur

Fromm Verlag

Imprint

Bibliographic information published by the Deutsche Nationalbibliothek: The Deutsche Nationalbibliothek lists this publication in the Deutsche Nationalbibliografie; detailed bibliographic data are available in the Internet at http://dnb.d-nb.de.

Publisher:
Fromm Verlag is an imprint of the publishing house
VDM Publishing House Ltd.,17 Rue Meldrum, Beau Bassin,1713-01 Mauritius
Website: www.frommverlag.de
Email: info@frommverlag.de

Published in 2011

Printed in: U.S.A., U.K., Germany. This book was not produced in Mauritius.

ISBN: 978-3-8416-0000-4

Einleitung

Niemand weiß, wie Maria wirklich aussah

Maria hat immer inspiriert. Ist scheinbar allgegenwärtig. Als Name - schätzungsweise 100 Millionen Menschen tragen den Vornamen Maria in verschiedenen sprachlichen Abwandlungen - oder als örtliche Bezeichnung wie Mariazell oder Marienplatz. Sie findet sich, meist in Süddeutschland, Österreich und Südtirol an zentralen Plätzen als Mariensäule, auf Bildstöcken und Marterl am Straßenrand.

Vor allem aber wurde die Mutter Gottes wie keine andere Frau in der bildenden Kunst den Menschen vor Augen gebracht: Alle großen Meister haben sie, jeweils angepasst an den Geschmack der Zeit, auf Leinwand gebannt, gemeißelt, in Holz geschnitzt. Michelangelo hat sie gemalt, ebenso Raffael und Tizian. Dürer hat Maria gezeichnet, von Paul Gauguin wurde sie in die Südsee-Welt versetzt. Der Surrealist Max Ernst zeigt sie als strafende Mutter. Marienbilder und - darstellungen sind so vielfältig wie die zeitlich bedingten Umstände, Erfahrungen und Empfindungen der Menschen seit fast 2000 Jahren.

Dabei hatte und hat niemand eine Vorstellung, wie Maria wirklich war, wie sie aussah, sich kleidete. Doch fast immer wird sie als sehr schöne, anmutige, junge Frau wiedergegeben, in deren klaren Zügen sich etwas Himmlisches spiegelt. Stets war sie ein Ideal durch ihre Vollkommenheit - und dennoch nahbar, weil sie eben auch als Leidende mit dem toten Sohn im Arm uns Menschen an sich herankommen lässt. Denn auch der tiefe Schmerz kann sie nicht entstellen. Kann ihrer übergeordneten Schönheit nichts anhaben. Das haben Künstler aller Epochen uns gezeigt.

Informieren Sie sich mit diesem Buch, wie Maria in der Kunst auf Bildnissen, Ikonen und in Skulpturen abgebildet wird.

Inhalt

Artikel

Referenzen

Artikellizenzen

Christliche Kunst

Christliche Kunst umfasst im allgemeinen Sinn alle Bereiche christlich motivierter Kunst, von der Musik über alle Bereich der Bildenden Kunst (insbesondere die Malerei und Skulptur) bis hin zur Architektur.

Im engeren Sinne wird jedoch eher die Bildende Kunst im christlichen Kontext, abgegrenzt von der Christlichen Musik, gemeint. Geschichtlich stehen daher zunächst die Frühchristliche Kunst, Byzantinische Kunst und die Ikonografie im Vordergrund. Durch den byzantinischen Bilderstreit und Ikonoklasmus bzw. Ikonophobie im Osten hat sich dann die christliche Kunst eher in den Westen verlagert.

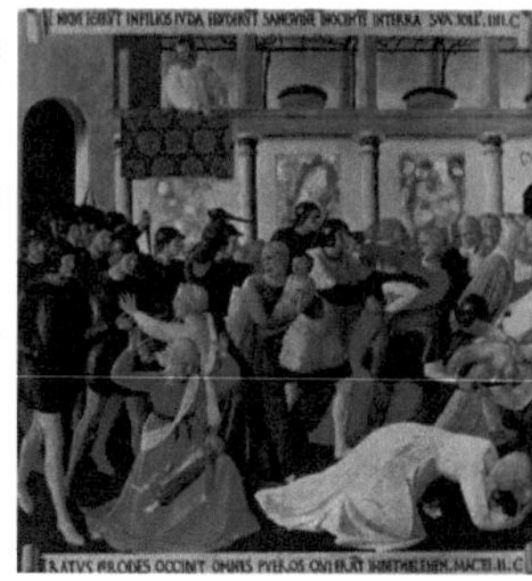

Fra Angelico: *Der bethlehemitische Kindermord* (um 1450)

Christliche Kunstrichtungen

Zu Beginn des 19. Jahrhunderts gründeten deutsche Künstler in Wien und Rom die Nazarenische Kunst, eine romantisch-religiöse Kunstrichtung mit dem Ziel, die Kunst im Geist des Christentums aus der Wiederentdeckung alter italienischer und deutscher Kunst heraus zu erneuern. Die Vertreter dieser Stilrichtung standen überwiegend dem Katholizismus nahe und beeinflussten die Kunst der gesamten Romantik.

Christliche Kunsttypen

Seit dem 3. Jahrhundert bildet das Marienbild den häufigsten Gegenstand der christlichen Kunst. Es verleiht der Marienverehrung einen bildhaften Ausdruck. [1] Auf den Bildern und Skulpturen werden häufig Szenen aus dem Marienleben, beispielsweise der Englische Gruß, aufgegriffen. Verbreitet ist seit dem 13. Jahrhundert auch die Darstellung als Schutzmantelmadonna, die den unter ihrem ausgebreitetem Mantel befindlichen Gläubigen Schutz bietet. Eine besondere Darstellung, die sich gehäuft in Frankreich findet, ist die Schwarze Madonna. Sie stammen aus der Romanik und dem Barock. Auch außerhalb der Darstellungen Marias finden sich Mariensymbole, beispielsweise der Hortus conclusus.

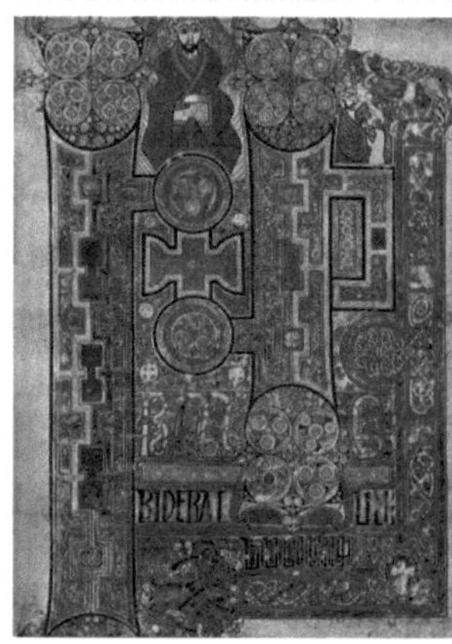

Die Buchmalerei war einst ein bedeutendes Element christlicher Kunst (hier: Beginn des Johannesevangeliums im Book of Kells, 9. Jahrhundert)

Die älteste erhaltene vollplastische Marienfigur der abendländischen Kunst ist die Goldene Madonna, die um 980 entstanden ist.[2] Aus der Zeit der religiösen Renaissancemalerei stammen die Darmstädter Madonna, die Sixtinische Madonna und die Stuppacher Madonna.

Einen weiteren breiten Raum nimmt die Kreuzigung Jesus ein. Die Darstellungsformen sind auch hier vielfältig. In einfachster Form handelt es sich um Steinkreuze in der freien Natur. Solche Flurkreuze sind häufig als Kruzifixe ausgeführt. Die bildliche Darstellung der Kreuzigung zusammen mit Maria und dem Apostel Johannes wird als Kreuzigungsgruppe bezeichnet.

In den Ostkirchen, besonders der orthodoxen Kirchen des byzantinischen Ritus, haben Ikonen, kirchlich geweihte Bilder, eine große Bedeutung. Sie sollen Ehrfurcht erwecken und eine existenzielle Verbindung zwischen dem

Betrachter und dem Dargestellten zu sein. Neben Christusbildern sind Marienikonen das wohl häufigste Darstellungsmotiv. Als eine der Höhepunkte der russischen Malerei gilt die Dreifaltigkeitsikone von Andrei Rubljow. Vergleichbar mit den Ikonen sind im katholischen Ritus die Gnadenbilder und Andachtsbilder. Das Gnadenbild Mariahilf von Lucas Cranach dem Älteren befindet sich im Hochaltar des Innsbrucker Doms. Neben den Darstellungen von Maria und Jesus sind seit frühchristlicher Zeit auch Heiligenbilder nachweisbar.

Eine besondere Darstellung der Trinität aus dem Mittelalter ist der Gnadenstuhl. Sogenannte Lukasbilder sollen von Lukas dem Evangelisten eigenhändig gemalt worden sein.

Als besondere Form des Sakralbaus findet sich in der christlichen Kunst der Kirchenbau. Die Architektur von Kirchengebäuden ist häufig von reicher Symbolik geprägt. Als Beispiele lassen sich die Bernwardstür und die Christussäule im Hildesheimer Dom nennen. Zur Gestaltung von Flügelaltaren wurde häufig die Form eines Triptychons genutzt. Nicht ausschließlich in Kirchen werden Heiligenfiguren und Schutzmantelfiguren aufgestellt. Ein erwähnenswertes Kunstwerk ist die Kathedra Petri im Petersdom.

Siehe auch

- Byzantinische Kunst

Literatur

- Jutta Seibert: *Lexikon der christlichen Kunst. Themen, Gestalten, Symbole*. Herder Verlag, Freiburg/Br. 1989. ISBN 3-451-08364-7
- Ralf van Bühren: *Kunst und Kirche im 20. Jahrhundert. Die Rezeption des Zweiten Vatikanischen Konzils.* (Konziliengeschichte, Reihe B: Untersuchungen), Verlag Ferdinand Schöningh, Paderborn 2008, ISBN 978-3-506-76388-4
- Kirche + Kunst: Fachzeitschrift für christliche Kunst

Weblinks

- www.biblical-art.com Biblical Art on the WWW [3] Große Sammlung mit Abbildungen von christlicher Kunst
- Verlag für christliche Kunst des Klosters Ettal [4]
- Verzeichnis von Museen für sakrale Kunst [5]

Referenzen

[1] Engelbert Kirschbaum (Hrsg.) u.a.: *Lexikon der Christlichen Ikonographie.* Freiburg, 1971. Bd. 3, Stichwort "Maria, Marienbild", S. 157.

[2] Pothmann: *Der Essener Kirchenschatz aus der Frühzeit der Stiftsgeschichte.* S. 138

[3] http://www.biblical-art.com/index.htm

[4] http://www.kloster-ettal.de/kunstverlag

[5] http://webmuseen.de/museen-fuer-sakrale-kunst.html

Frühchristliche Kunst

Die **frühchristliche oder altchristliche Kunst** umfasst den Zeitraum von der Schaffung der ersten bildlichen Zeugnisse der Christen in allen Territorien des Römischen Reiches bis zum Ende der Antike. Genau wie die frühen Christen Teil der antiken römischen Gesellschaft waren, ist auch ihre Kunst ein Teil der griechisch-römischen und bedient sich deren Bildsprache, um speziell christliche Themen darzustellen. Die frühchristliche Kunst bildet damit während der ersten Jahrhunderte n. Chr. einen kleinen Teil der kaiserzeitlichen Kunst, ist ab dem 4. Jh. n. Chr. nahezu mit der spätantiken Kunst gleichzusetzen und geht etwa ab dem 6. Jh. n. Chr. im Osten in die byzantinische Kunst und im Westen in die Vorromanik über. Vor dem Jahr 313, in dem Kaiser Konstantin das Christentum mit dem Mailänder Toleranzedikt zur gleichberechtigten Religion erklärte, beschränkt sich die christliche Kunst auf Kleinkunst, Reliefs und Wandmalereien, wie z. B. in den römischen Katakomben. Nach der Konstantinischen Wende gewinnt sie dank kaiserlicher Unterstützung auch eine monumentale Komponente, vor allem durch die nun entstehenden großen Kirchenbauten wie z. B. Alt St. Peter in Rom.

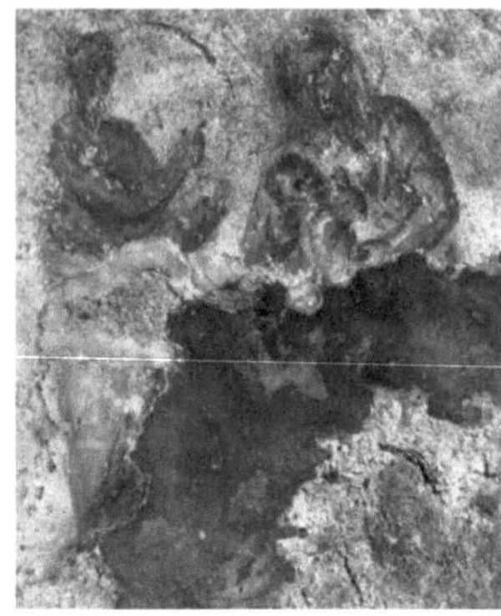

Früheste erhaltene Darstellung der Maria mit Kind, 2. Jahrhundert, Priscilla-Katakomben, Rom

Erhaltene frühchristliche Kirchen:

- Santa Sabina, Rom

Vom Bilderverbot zu ersten künstlerischen Darstellungen

Die führenden Christen der Urkirche bezweifelten bis in das dritte Jahrhundert dass es eine christliche Kunst geben könnte welche im Stande sei, dem geistigen Wort der Offenbarung sichtbare Gestalt zu geben. So antwortete der Christ Octavius gegen Ende des 2. Jahrhunderts auf den Vorwurf des Fehlens einer christlichen Kunst:

> *„Welchen Tempel soll ich ihm bauen, da die ganze Welt, das Werk seiner Hände, Ihn nicht fassen kann? Müssen wir ihm nicht besser in der Seele ein Heiligtum errichten?“*[1]

In der christlichen Frühzeit hat das Erbe des Judentums und die Forderung des ersten Gebotes *„Du sollst dir kein Ebenbild machen“* starke Wirkung. Obwohl das Judentum religiöse Kunst; beispielsweise in den vergoldeten Cherube, reliefgeschmückten Türflügeln und verzierten Bronzebecken des salomonischen Tempels; kennt, ist das plastische Gottesbild und das magische Abbild eines lebenden Wesens verboten. Da der gestaltende Mensch nach seinen Vorstellungen arbeitet, würde Gottes Herrlichkeit und Unbegreiflichkeit automatisch verkleinert bzw. anthropomorphisiert werden.[2] Das Bild könnte zum Idol werden, und Macht und Verehrung beanspruchen anstatt nur ein Verweis auf Gott zu sein. Seit der Zeit der Makkabäer wurde im Judentum die Ablehnung jeder bildlichen Darstellung immer entschiedener. Da die Christen der Urkirche an die baldige Wiederkunft des Herrn teilweise noch zu ihren Lebzeiten glaubten, gehörte die Kunst auch nicht zu den wichtigen Dingen. Außerdem bedingte der starke Einfluss des Neuplatonismus eine kunstfeindliche Haltung welche die Ansicht vertrat, dass die Seele nur in dem Maße Gott näher kommen könne als sie sich über das Sinnenfällige erhebe.[3] Bis zum 4. Jahrhundert fehlt jede Darstellung Jesu allein oder auch mit charakteristischen Merkmalen. Wenn er bildlich dargestellt wird, dann nur als allegorisches Sinnbild z. B. als Guter Hirte oder Philosoph.[2]

Dennoch setzte sich im Laufe der Zeit langsam die antike Freude am Bild gegen die anfängliche Ablehnung künstlerischer Darstellung durch. Die Initiative ging dabei eher vom Volk als von der kirchlichen Obrigkeit aus. Die frühesten und besten Bilder befanden sich demnach nicht in den Katakomben sondern in den Häusern und Hauskirchen reicher Christen. Die schon vorher im nichtchristlichen und paganistischen Umfeld beliebten

Tierdarstellungen wurden importiert und auf christliche Symbolik uminterpretiert. Die Taube wurde zum Bild der erlösten Seele, der Pfau blieb das schon vorchristliche Sinnbild der Unsterblichkeit [4] , und der Fisch wurde zur eucharistischen Speise.

Skulpturen

Freiplastik

Freiplastische Porträts sind sehr selten. Dennoch lässt sich eine Fortsetzung der kaiserzeitlichen Tradition feststellen, Porträtstatuen von Kaisern und verdienten Bürgern an öffentlichen Plätzen aufzustellen. Beispielhaft dafür steht der sog. Koloss von Barletta. Auch im Begräbniskontext mögen weiterhin Porträtstatuen oder Büsten aufgestellt worden sein. Im Vergleich zur früheren Zeit lässt sich in der Spätantike eine starke Verallgemeinerung der Porträtzüge beobachten. Dies macht es extrem schwer, einzelne Werke bestimmten Personen zuzuweisen.

Reliefsarkophage

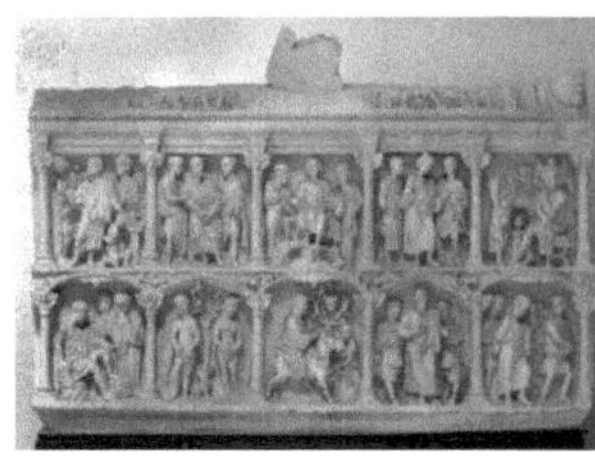

Sarkophag des römischen Stadtpräfekten Junius Bassus, 359 n. Chr.

Die frühchristliche Sarkophagplastik stellt eine der umfangreichsten Gattungen innerhalb der frühchristlichen Kunst dar. Sie steht ganz in der Tradition der kaiserzeitlichen Sarkophage. Während es in republikanischer Zeit und der frühen Kaiserzeit noch üblich gewesen war, Verstorbene zu verbrennen, kam im frühen 2. Jh. n. Chr. die Körperbestattung im Römischen Reich in Mode. Wohlhabende Familien verwendeten nun Sarkophage, die mit Reliefs verziert waren. Ab dem 3. Jh. n. Chr. tauchen auf solchen Reliefsarkophagen erstmals auch Szenen aus dem Alten und Neuen Testament auf. Der weitaus größte Teil der frühchristlichen Sarkophage stammt aus Rom selbst. Hier lief die Produktion bis kurz nach 400 n. Chr. Weit weniger Exemplare sind aus Ravenna bekannt, wo vom 5. bis zum 8. Jh. produziert wurde. Seit der Einweihung Konstantinopels 330 n. Chr. wurden auch dort Sarkophage hergestellt, allerdings ebenfalls nur in geringer Zahl. Daneben entstanden auch in einigen Provinzen Sarkophage mit christlichen Themen. Vor allem Südgallien ist hier zu nennen. Während für die aufwendigeren Sarkophage praktisch immer Marmor verwendet wurde, entstanden einfachere Stücke auch aus Kalkstein, Sandstein oder vulkanischem Gestein. Einzig für Mitglieder der Kaiserfamilie wurde auch der schwer zu bearbeitende Porphyr genutzt.

Symbole, Bilder, und biblische Erzählungen

Bei der Darstellung und Schilderung christlicher Symbole, Bilder, und biblischer Geschichten zeigt die frühchristliche Kunst eine Vorliebe für bestimmte Motive und Geschichten. Manche Motive sind statistisch häufiger anzutreffen. Andere fehlen ganz oder sind eher selten dargestellt als in späteren Epochen.

Der Gute Hirte

Die Gestalt des Guten Hirten bzw. des Schafträgers war bei den Christen des 3. Jahrhunderts das beliebteste aller Rettungsbilder. Mehr als 300 gemalte oder gemeißelte Hirten sind erhalten geblieben. Diese Darstellung ist im Baptisterium von St. Peter ebenso anzutreffen wie im Portikus des lateranesischen Taufhauses. Im San Giovanni in fonte in Neapel ist sie gleich viermal anzutreffen. Das Motiv kann sich auf viele Anregungen des Alten und Neuen Testaments stützen. [5] Ursprünglich stammt es aus der paganen Kunst, wo Figuren, die junge Opfertiere über den Schultern tragen, bereits seit archaischer Zeit bekannt sind. Im 3. Jh. n. Chr. erfreuten sich Darstellungen des Schafträgers sich, wie auch andere Bilder mit Hirtenthematik, in der römischen Gesellschaft größter Beliebtheit und war ein allgemeines Symbol für humanitärer Anteilnahme (Philanthropie) [6] und die Hoffnung auf ein paradiesisches Weiterleben nach dem Tod. Für diesen Zeitraum ist es daher oftmals schwierig bis unmöglich festzustellen, ob es sich bei dem Bild eines Schafträgers, um ein christliches oder ein paganes Kunstwerk handelt.

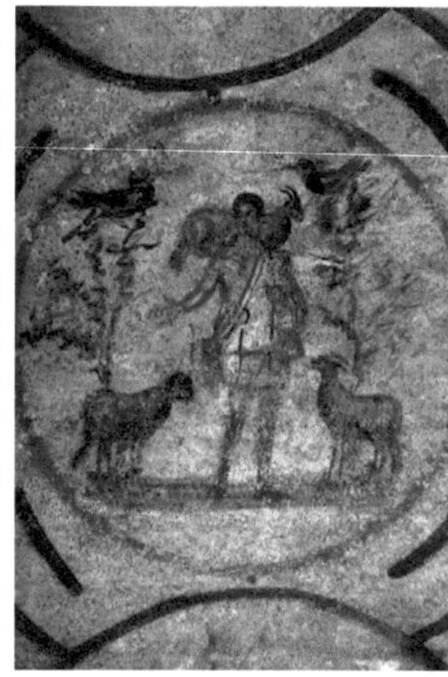

Darstellung des Schafträgers aus der Priscilla-Katakombe in Rom

Siehe auch

- Byzantinische Kunst
- Christliche Archäologie
- Christliche Kunst

Literatur

- Johannes G. Deckers: *Die frühchristliche und byzantinische Kunst*, München 2007.
- Friedrich Wilhelm Deichmann: *Einführung in die christliche Archäologie*, Darmstadt 1983.
- André Grabar: *Die Kunst des frühen Christentums*, München 1967.
- Wolfgang Kemp: *Christliche Kunst. Ihre Anfänge – Ihre Strukturen*, München 1994.
- Guntram Koch: *Frühchristliche Kunst. Eine Einführung*, Kohlhammer 1995.
- Arne Effenberger: *Frühchristliche Kunst und Kultur. Von den Anfängen bis zum 7. Jht.*, München 1986.
- David Talbot Rice: *Beginn und Entwicklung christlicher Kunst*, Köln 1961.

Referenzen

[1] Apologeten, Frühchristliche – M. Minucius Felix, Octavius (http://209.85.173.104/search?q=cache:HDYp9olUUVYJ:www.unifr.ch/bkv/ausgabe51.rtf+Welchen+Tempel+soll+ich+ihm+bauen,+da+die+ganze+Welt,+das+Werk+seiner+Hände,+Ihn+nicht+fassen+kann+?+Müssen+wir+ihm+nicht+besser+in+der+Seele+ein+Heiligtum+errichten&hl=de&ct=clnk&cd=1&gl=de)

[2] Horst Robert Balz, Gerhard Krause, Gerhard Müller:Theologische Realenzyklopädie, Band 3, De Gruyter, 1978, Seite 401

[3] Eduard Syndicius: Die Frühchristliche Kunst, Paul Pattloch Verlag, Aschaffenburg, 1960, Seite 5 ff.

[4] Johann Peter Balthasar Kreuser, J. Kreuser: Der christliche Kirchenbau, seine Geschichte, Symbolik, Bildnerei nebst Andeutungen für Neubauten, 1861, Seite 295

[5] Eduard Syndicius: Die Frühchristliche Kunst, Paul Pattloch Verlag, Aschaffenburg, 1960, Seite 16 ff.

[6] Henry Chadwick: Die Kirche in der antiken Welt, de Gruyter, 1972, Seite 325

Ikone

Ikonen (von griechisch εικόνα, *ikóna*, „Bild", „Abbild"; im Gegensatz zu είδωλο, *ídolo*, „Trugbild", „Traumbild" und είδος, *ídos*, „Urbild", „Gestalt", „Art") sind Heiligenbilder der Ostkirchen, besonders der orthodoxen Kirchen des byzantinischen Ritus. Die Bilder sind kirchlich geweiht und haben für die Theologie und Spiritualität der Ostkirchen eine sehr große Bedeutung. Der Zweck der Ikonen ist, Ehrfurcht zu erwecken und eine existenzielle Verbindung zwischen dem Betrachter und dem Dargestellten zu sein, indirekt auch zwischen dem Betrachter und Gott. Ikonen werden in der Orthodoxen Kirche weder als Kunstgegenstände noch als Dekoration angesehen, sind aber wesentlicher Bestandteil der Byzantinischen Kunst.

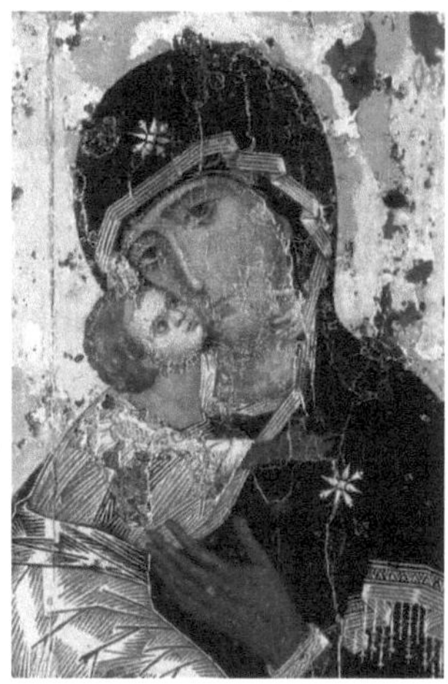

Gottesmutter von Wladimir, Konstantinopel, 12 Jh. Das Nationalheiligtum Rußlands und der russisch orthodoxen Kirche

Auch die Orientalisch-Orthodoxen Kirchen, z. B. die Koptische Kirche oder die Armenische Apostolische Kirche verehren Ikonen in ihrem Kultus; nicht jedoch die Assyrische Kirche. In koptischen Ikonen sind Einflüsse altägyptischer Kunst zu finden.

Wortherkunft

In der Bedeutung ‚Kultusbild' wurde das Wort „Ikone" als Exotismus im 19. Jahrhundert aus russisch „ikóna" entlehnt, welches selbst auf altkirchenslawisch „ikona" und dieses wiederum auf byzantinisch „εικόνα", „eikóna" zurückgeht. Diese Form ging aus altgriechisch „εικών", „eikṓn", ‚Ebenbild, bildliche Darstellung' hervor. [1]

Geschichte

Die ältesten erhaltenen Ikonen stammen aus dem 6. Jahrhundert; allerdings sind aus der Zeit vor den Zerstörungen des byzantinischen Bilderstreites (9. Jh.) nur noch sehr wenige Exemplare, meist aus abgelegenen Gegenden, vorhanden. Vor allem aus Griechenland, Makedonien, Russland, Rumänien und Zypern sind große Zahlen von Ikonen erhalten. Die Ikonen sind als Mittler zwischen Diesseits und Jenseits fest im Glauben verankert, ihnen wird eine Wunderwirkung zugeschrieben. Wichtigste Techniken sind im 6. Jahrhundert die Enkaustik, seit dem 7. Jahrhundert die Temperamalerei auf Holz, ferner Mosaiksetzerei und Schnitzerei in Holz und Elfenbein. Die zum Kuss ausgestellten Ikonen wurden und werden häufig an bestimmten Stellen mit verzierten Messing-, Eisen- oder Silberblechen beschlagen und so geschützt. Motive der Ikonenmalerei sind besonders Christusbilder und Heiligenporträts.

Form und Darstellung

Ikonen werden u.a. als Christusikonen, Marienikonen, (insbesondere sog. Theotokos-Darstellungen), Apostelikonen oder Heiligenikonen dargestellt. Nach orthodoxem Glauben sind auch viele Protagonisten des alten Testaments Heilige und werden daher ebenso auf Ikonen dargestellt wie die Heiligen späterer Zeiten. Bestimmte Szenen aus der Bibel, dem Leben der Heiligen oder typologische Gruppierungen finden ihre Wiedergabe als Hetoimasia, Deesis, Verklärungs- oder Dreifaltigkeitsikone.

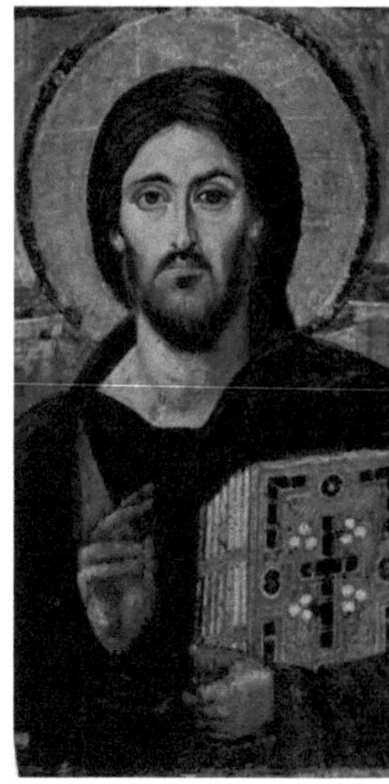

Sinai, Katharinenkloster, Christusikone, 6. Jahrhundert

Ikonen haben in der Darstellung gemeinsame Züge, die von westeuropäischen nachgotischen Kunstvorstellungen abweichen und die oft theologisch begründet sind.

- Die Motive und Typen sind in der mittelalterlichen byzantinischen Ikonographie fest vorgegeben (Bilderkanon), es werden existierende Ikonen als Malvorlage verwendet. Schon Andrei Rubljow allerdings änderte Ikonenschemata ab, die heute selbst als kopierfähige Vorlagen verwendet werden. (Alttestamentliche Dreifaltigkeit ohne die eigentlich verpflichtenden Abram und Sarai).
- Neue Motive werden gemäß der Ikonographie bestehender Ikonen bzw. nach den Vorgaben des Kanon (Gestik, Mimik, Farbgebung etc.) angefertigt. Im 20./21. Jahrhundert ist die Zahl der Heiligen auch in der Westkirche gestiegen und der Wunsch, Privatwohnungen oder Kirchen mit einer Ikone zu schmücken, wächst. Zu nennen wäre eine sogenannte Ikone im Dom zu Hildesheim, die sog. 'Hildesheimer Domikone', die Patrone des Doms und das Gotteshaus selbst in einer Neuschöpfung vereint, ohne allerdings im Bereich der Ostkirchen in irgendeiner Weise kopierfähig zu sein. Hier handelt es sich also um ein modernes Gemälde in Anlehnung an Ikonen. Beispiele aus dem Ostkirchlichen Bereich sind die seit 1990 verbreiteten Ikonen diverser "Neumärtyrer", d.h. Opfer der kommunistischen Christenverfolgung.
- Die Figuren auf Einzelikonen, die allerdings nur einen kleinen Teil aller Ikonen ausmachen, sind häufig frontal und axial dargestellt, um eine unmittelbare Beziehung zwischen Bild und Betrachter herzustellen.
- Die Darstellung von Personen ist bei alten Malstilen strikt zweidimensional, die besondere Perspektive zielt auf die Darstellung selbst. Dadurch wird betont, dass die Ikone Abbild der Wirklichkeit, nicht die Wirklichkeit selbst ist. Seit dem Barock existieren allerdings ebenfalls als kirchenrechtlich rechtmäßig zu verehrende Ikonen in naturalistischer Manier und komplette barocke Kirchenausstattungen. So stellt die neuerbaute Christus-Erlöser-Kathedrale in Moskau eine reine Kirche im Nazarenerstil dar.
- Der Hintergrund ist auf mittelalterlichen Ikonen üblicherweise goldfarben (selten auch silbern), hervorgebracht beispielsweise durch Blattgold, Schlagmetalle oder auch Ockerfarbe. Der goldfarbene Hintergrund symbolisiert den Himmel bzw. das 'göttliche' Licht. Serbische Ikonen zeigen oft einen blauen Hintergrund, griechische verschiedene Farbgründe. Allerdings kennt auch Russland im Mittelalter rotgründige Ikonen (Christus im Thron mit erwählten Heiligen, Hl. Johannes Klimakos mit Radnheiligen; beide Novgorod zweite Hälfte 13. Jh.).
- Die Formen sind oft strukturiert und klar.
- Die Farben, die relative Größe der Figuren, ihre Positionen, und die Perspektive des Hintergrunds sind im Mittelalter nicht realistisch, sondern haben symbolische Bedeutung. Die Perspektive des Hintergrunds und von Gegenständen im Vordergrund (zum Beispiel Tische, Stühle, Kelche) wird oft gewollt "falsch" konstruiert, sodass der Fluchtpunkt vor dem Bild liegt (umgekehrte Perspektive). Die Umgebung tritt oft hinter der verehrungswürdigen Person zurück.
- Alle Personen werden durch Beischriften (Kürzel) in der jeweiligen Sprache (z. Bsp. griechisch, russisch, altslawisch) identifiziert, um sicherzustellen, dass der Bezug auf eine reale Person erhalten bleibt und sich die

Verehrung der Ikone nicht verselbständigt. Eine christliche Ikone wird erst durch die Beschriftung zur Ikone, Ikonen ohne Beischriften sind nicht verehrungswürdige Bilder. Auch sonst finden sich oft Schriftrollen bzw. Bücher mit Texten in den Händen der Heiligen, die, wie in der romanischen und gotischen Kunst auch, in ihrer Funktion mit den Sprechblasen eines Comics vergleichbar sind. Einer Pantokrator-Ikone wird oft ein Evangeliar in die Hand gegeben, welches eine, der Intention der Ikone zugeordnete Bibelstelle des Neuen Testaments wiedergibt; oft ist das Evangeliar aber auch geschlossen.

- Die individuelle, schöpferische Ausdrucksweise des Malers ist aus kirchlicher Sicht irrelevant; Ikonenmalerei wird als religiöses Handwerk, nicht als Kunst gesehen, weshalb auch das Wort 'hagiographia', also Heiligenschreiberei, der Herstellung einer Ikone näher kommt. Es wird von Ikonen-'schreiben' gesprochen und der Schreibende als 'Werkzeug Gottes' betrachtet. Oft werden Ikonen von Mönchen, anonymen Künstlern oder in Manufakturen oder Malschulen von mehreren Künstlern gemalt. Klassischerweise werden sie nicht signiert.
- Der Firnis einer Ikone besteht aus Öl, seltener aus Wachs oder - in neuerer Zeit leider auch üblich - mattem Sprühlack, der vor allem die natürlichen Materialien Ei und Bindemittel vor dem Sich-Zersetzen schützen soll, wobei die modernen Firnisse oft sehr schnell das Gegenteil bewirken.

Ikonen sind heute in der Regel auf grundiertes Holz in Eitempera gemalte Tafelbilder ohne Rahmen. Vermehrt tritt das Malen auf grundierter Leinwand auf, die nach Vollendung auf Holz aufgezogen wird. In der Antike wurde dagegen meist in Enkaustik gemalt. Es gibt auch Mosaiken, Fresken, geschnitzte Ikonen (Elfenbein, Holz) als Flachreliefs bzw. Emailguss. Vollplastische Statuen und Statuetten dagegen sind in der Ostkirche selten, vor allem bei den frühen Christen, da sie allzu sehr an die heidnischen Religionen erinnerten.

Historische Darstellungen

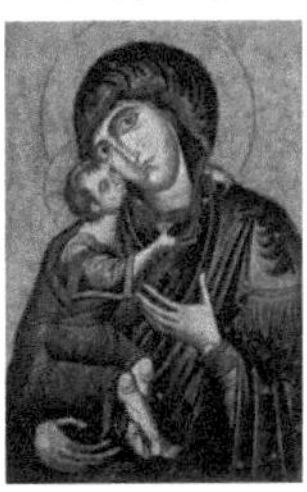

Hodegetria Typus der Hl. Jungfrau Maria

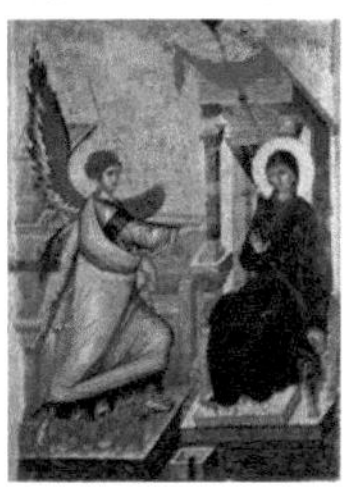

Byzantinische Doppelikone (Konstantinopel Anfang 14 Jh.). Revers mit der Verkündung. Ohrid Ikonenmuseum

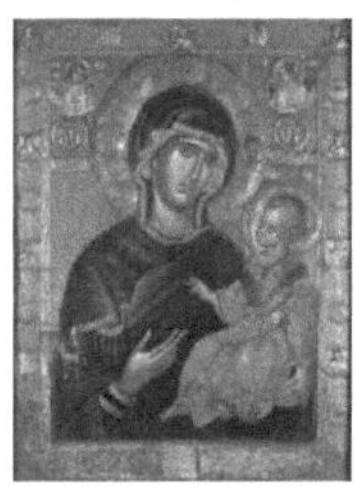

Byzantinische Doppelikone (Konstantinopel, Anfang 14. Jh.). Avers mit der Hl. Jungfrau Psychosostria. Ohrid Ikonenmuseum

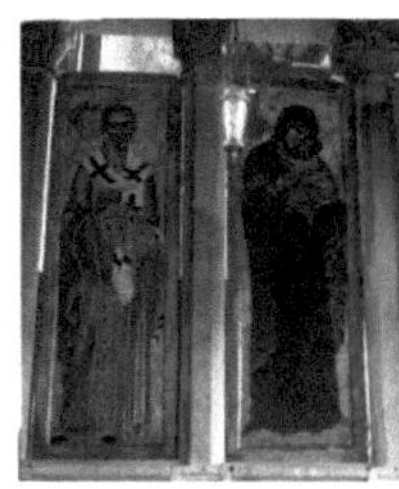

Ikonen der Ikonostase im Kloster Decani von Zar Dušan, um 1350

Zeitgenössische Darstellungen und Techniken

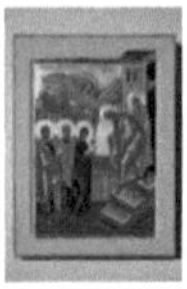

Darreichung des Jesuskinds im Tempel

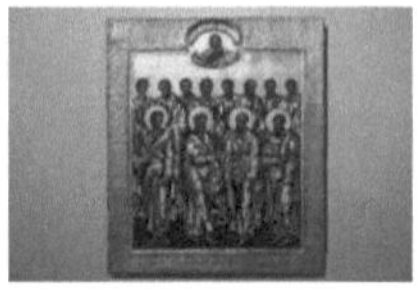

Die Zwölf Apostel, überragt von Christus Pantokrator in einem Medaillon

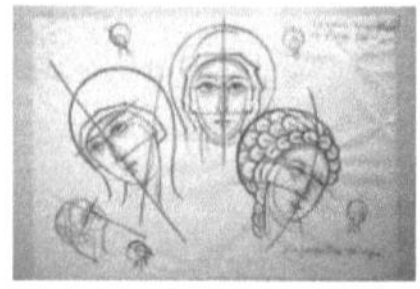

Schema der Darstellung des weiblichen Kopfs

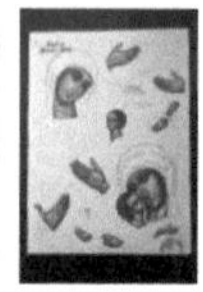

Schema der Lichtführung auf Gesicht, Händen und Füssen der Jungfrau und des Kinds

Theologie der Ikonen

Die Ikone dient der Vergegenwärtigung (Repräsentanz) christlicher Wahrheiten.

Im Zuge des byzantinischen Bilderstreits erfolgte vor allem durch Johannes von Damaskus und Theodor Studites die theologische Begründung der Ikonendarstellung durch den Gedanken der Inkarnation: Die Menschwerdung Gottes in Jesus Christus ermögliche erst die bildliche Darstellung. Das mit der Unsichtbarkeit Gottes in vorchristlicher Zeit begründete biblische Bilderverbot (Exodus 20,4f.) werde gerade nicht verletzt, denn Gott selbst habe es im sichtbaren Christus durchbrochen. Als "Gründungsikone" konnte dabei das Mandylion, das "Nicht-von-Menschenhand-gemachte Christusbild" gelten, das gleichsam durch den Willen Christi wunderbarerweise entstanden sei. Die Ikonenverehrung in Form von Metanien, Kuss, Kerzen und Weihrauch richte sich demgemäß nicht auf das Bild, sondern auf die "hinter" dem Bild präsente Wahrheit. Neben Christusbildern dürften auch Heiligenbilder verehrt werden, denn in den Heiligen wirke der Heilige Geist, der selbst Gott sei und daher zurecht so verehrt werde. Hier wirkt die Ideenlehre Platons (s. Höhlengleichnis)

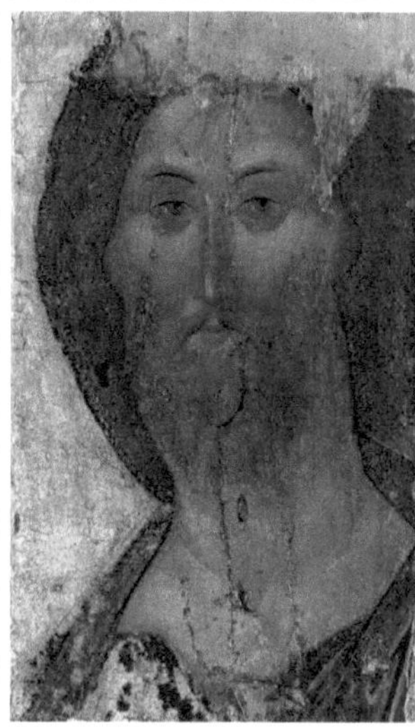

Christus von Andrej Rublev, Rußland, Anfang des 15 Jh.

Es haben sich zahlreiche Ikonentypologien entwickelt. Die meisten Ikonen werden nach bestimmten Mustern und Vorbildern gemalt. Trotzdem sind die Ikonenmaler frei bei der Ausgestaltung der Details.

Ikonen sind ein wesentlicher Ausdruck der byzantinischen Kunst. Diese Kunst wurde in Griechenland, Bulgarien und besonders in Russland weiter gepflegt. Wichtige Ikonenmalschulen befanden sich in Wladimir, Nowgorod, Twer und Moskau.

Während im 18. und 19. Jahrhundert westliche Einflüsse die Ikonenmalerei veränderten oder aus nichtorthodoxer Sicht sogar verfälschten, besann man sich im 20. Jahrhundert wieder stärker auf die byzantinischen Grundlagen. In Griechenland setzte sich der so genannte neobyzantinische Stil durch, der sich zwei alte Ikonenmalschulen zum Vorbild gemacht hat – die Ikonenmaler der Palaiologen-Zeit und der italo-kretischen Schule. In Griechenland werden allerdings auch noch immer viele Ikonen in westlicher Manier des Nazarenerstils geschrieben.

Wichtige Ikonenmaler in Russland waren u.a. Feofan Grek, Andrei Rubljow, Dionisij, die Malerdörfer Palech, Mstera, Choluj sowie zahlreiche Altgläubigenateliers im Ural und an der unteren Wolga.

Weitere Zentren der Ikonenmalerei befinden sich in Georgien, Serbien, Mazedonien, Bulgarien, Armenien und Äthiopien. In Rumänien sind die Fresken der Moldauklöster von hoher Bedeutung.

Die orthodoxe Kirche sieht die lebenden Christen und die verstorbenen Christen als eine einzige spirituelle Gemeinschaft – vor allem bei der Anbetung Gottes. Ikonen sind für die orthodoxe Kirche Fenster in die geistliche Welt – daher auch der meistens goldene Hintergrund, die Zweidimensionalität und die nicht naturalistische Malweise.

In jeder orthodoxen Kirche gibt es die Ikonostase, eine mit Ikonen geschmückte Holzwand mit, wenn die Kirche groß genug dafür ist, drei Türen zwischen den Gläubigen und dem Altar. Der somit abgetrennte Altarraum übernimmt dabei in Kirchen mit nur einer eintürigen Ikonostase zugleich die Funktion der westlichen Sakristei. In großen Kirchen dient als solche das Diakonikon, der Raum hinter der südlichsten Tür. In der Mitte hängt (vom Betrachter aus) rechts der Mitteltür eine Christus-Ikone, links eine Ikone der Gottesgebärerin, dazwischen ist die *königliche Türe*, durch die der Priester im Evangelienbuch und in der Eucharistie den *König der Ehren* zur Gemeinde bringt. Während der Eucharistie ist diese Tür offen und der Altar somit sichtbar. Wenn der Priester nicht das Evangelium oder den Kelch der Eucharistie trägt, oder wenn eine andere Person den Altarraum betritt, wird eine der beiden äußeren Türen benutzt.

Ikonen werden verehrt, indem man sich vor ihnen bekreuzigt, sich verneigt oder zu Boden wirft und sie küsst (aber nicht aufs Gesicht der dargestellten Figur), sie also lediglich ehrfurchtsvoll grüßt. Diese Verehrung wird dabei strikt unterschieden von *Anbetung*, die nur Gott zukommt. Auch die Verehrung bezieht sich nach orthodoxer Lehre auf den Dargestellten, nicht auf die Ikone selbst als einen Gegenstand aus Holz und Farbe.

Die Frage nach der Zulässigkeit von Ikonenverehrung in Ansicht des Bilderverbots der Bibel löste im byzantinischen Reich eine erbitterte bürgerkriegsähnliche Auseinandersetzung aus, den byzantinischen Bilderstreit, in dem der größte Teil der frühchristlichen Ikonen zerstört wurde. Vor allem Johannes von Damaskus erklärte daraufhin, Gott selbst habe sich in Christus sichtbar und greifbar gemacht, das im Alten Testament ausdrücklich mit der Unsichtbarkeit Gottes begründete Bilderverbot sei damit überwunden, und die Ablehnung der Bilder sei eine Ablehnung der wirklichen und nicht nur scheinbaren Menschwerdung Christi. In diesem Sinne wurde der Bilderstreit schließlich – unter gewissen Auflagen – zugunsten der Bilder entschieden.

Statuen von Heiligen werden dagegen abgelehnt, vor allem da die vorchristlichen Griechen Statuen in ihrer Religion viel verwendet hatten und diese daher automatisch mit Götzen identifiziert wurden.

Die meisten Orthodoxen haben auch private Ikonen zu Hause, oft in einer "Gebetsecke" im Wohnzimmer angeordnet, nach Möglichkeit an der Ostwand. Die jeweils übliche Gestaltung solcher Gebetsecken ist in den verschiedenen orthodoxen Kulturen unterschiedlich.

In Deutschland gibt es drei große Ikonenmuseen: in Recklinghausen, auf Schloß Autenried und in Frankfurt am Main. Bei den wichtigen "Ikonenmalschulen" fehlen vor allem Jaroslavl' und Pskov. Dagegen gehört Vladimir weniger dazu. Novgorod, Tver und Pskov spielen vor allem in der Frühzeit bis ins 16. Jahrhundert eine große Rolle, Moskau (Rüstkammer) und Jaroslavl' bis ins beginnende 18. Jahrhundert. Danach sind andere Werkstätten von Bedeutung, wie z. B. Palech und Choluj. Bei den Altgläubigenwerkstätten ist es im Ural hauptsächlich Nev'jansk. Auch im Malerdorf Mstera arbeiteten hauptsächlich altgläubige Ikonenmaler. Von hier stammen auch viele der Ikonen, die normalerweise wegen ihrer Feinmalerei Palech zugeschrieben werden. Ebenfalls wichtige Altgläubigenwerkstätten sind die Werkstatt Frolov in Raja, heute Estland, die Werkstätten in Vetka, heute Weißrußland und Syzran an der unteren Wolga.

Museum

Das Ikonen-Museum in Recklinghausen wurde 1953 gegründet und gehört zu den wichtigsten Ikonen-Museen der Welt. Die umfangreiche Sammlung ist die wichtigste in der westlichen Hemisphäre.

Abgeleitete Begriffe

- Ikonoklasmus - Zerstörung heiliger Bilder
- Ikonolatrie - Bilderverehrung
- Ikonografie - Wissenschaftliche Deutung künstlerischer Motive
- Ikonografisches Heiligenattribut - Kennzeichnendes Beiwerk abgebildeter Heiliger
- Ikonologie - Wissenschaftliche Deutung symbolischer Formen
- Ikonostase - Bildergeschmückte Wand in orthodoxen Kirchen
- Ikone (Medien) - Erzeugnisse von Kunst und Massenmedien, die ein überragendes Maß an Popularität erreicht haben
- Ikon - Ähnliche Abbildungen
- Icon - Piktogramme in Benutzeroberflächen von Computern

Spezielle Ikonen

- Auferstehungsikone
- Dreifaltigkeitsikone
- Marienikone

Literatur

- Berhard Bornheim: *Ikonen - Ein Sammlerbuch* Augsburg 1990, ISBN 3-8289-0797-0
- Berhard Bornheim: *Die russische Haus-Ikone im Wandel der Zeit* 1. Auflage 2008, Regenstauf: Battenberg-Verlag 2008, ISBN 978-3-86646-043-0
- Helmut Brenske: *Ikonen* Legat-Verlag Tübingen 2004, ISBN 3-932942-16-7 (1. Auflage 1976 Schuler Verlag München)
- Helmut Brenske: *Ikonen* Wilhelm Heyne Verlag München 1981, ISBN 3453-41405-5
- Helmut u. Stefan Brenske: *Ikonen*, 2. Auflage Verlag Internationaler Kulturdienst München 1997, ISBN 3-926469-51-X (1. Auflage Rombach Verlag Freiburg i. Br. 1994, ISBN 3793004821)
- Stefan Brenske: *Ikonen und die Moderne* Schnell & Steiner Verlag Regensburg 2005, ISBN 3-7954-1680-9
- Helmut Fischer: *Von Jesus zur Christusikone.* Petersberg: Imhof 2005 ISBN 3-86568-025-9
- Pavel Florenskij: *Die Ikonostase.* Stuttgart 1988, ISBN 3-87838-587-0. *(behandelt entgegen seinem Titel nicht nur die Ikonostase, sondern grundsätzliches zum Thema Ikonentheologie)*
- Helene Hoerni-Jung: *Vom inneren Menschen (Ikonen des göttlichen Sohnes)* Kempten: Kösel 1995 ISBN 3-466-36415-9
- Ikonenmuseum Recklinghausen: *Ikonen - Restaurierung und naturwissenschaftliche Erforschung* Recklinghausen 1994 ISBN 3-925801-25-1
- "Lebendige Zeugen" - Datierte und signierte Ikonen in Russland um 1900, Legat-Verlag 2005 - Stadt Frankfurt a. M., Herausgeber Dr. Richard Zacharuk Es handelt sich um den Katalog einer Ausstellung, die 2005 in Frankfurt / M. stattfand. Er enthält viele wertvolle Hinweise zu Werkstätten und Ikonenmalern, sowie viele Beispiele datierter Ikonen.ISBN 3-932942-17-5
- B. Rothemund: "Handbuch der Ikonenkunst", 3. Auflage 1985, Slavisches Institut München
- Christoph Kardinal Schönborn: *Die Christus-Ikone. Eine theologische Hinführung.* Dom-Verlag, Wien 1998, ISBN 3-85351-157-0.

- Christa Schoßleitner: *Was ist eine Ikone?*. Eigenverlag, Heiligenkreuz 2008 (Diplomarbeit von Marianne Schlosser betreut).
- Abraham Karl Selig: *Die Kunst des Ikonenmalens* Innsbruck: Tyrolia 2006 ISBN 3-7022-2081-X
- Ioann B. Sirota: *Ikonographie der Gottesmutterikonen* Würzburg 1992, ISBN 3-927894-10-9
- Alfredo Tradigo: *Ikonen: Meisterwerke der Ostkirche.* Berlin: Parthas 2005 ISBN 3-936324-05-0
- Klaus Wessel u. Helmut Brenske: *Ikonen* (Battenberg Antiquitäten-Kataloge) 1. Auflage Battenberg Verlag München 1980, ISBN 3-87045-156-4
- Gerhard Wolf: *"Salus Populi Romani". Die Geschichte römischer Kultbilder im Mittelalter* . VCH, Acta Humaniora, Weinheim 1990, ISBN 3-527-17717-5.
- Gerhard Wolf: *Icons and sites: cult images of the Virgin in mediaeval Rome*. In: Maria Vassilaki (Hrsg.): *Images of the Mother of God: perceptions of the Theotokos in Byzantium.* Ashgate, Aldershot u.a. 2008, p. 23-49, ISBN 0-7546-3603-8.
- Richard Zacharuk (Hg.): *Ikonen = Icons.* (Ikonen-Museum Frankfurt a.M.) Tübingen: Legat 2005 ISBN 3-932942-20-5

Weblinks

- Literatur über *Ikone* in Bibliothekskatalogen: DNB [2], GBV [3]
- Elias D. Moutsoulas, Die Theologie der Ikone [4]
- Ikonenfreunde.org – Plattform für Ikonenfreunde [5]
- Ikonenmalen in Westeuropa [6]
- Russische Ikonen, Fresken und Mosaiken vom 11. bis 20. Jahrhundert [7]
- – Das Urbild aller Ikonen -das Volto Santo [8]

Medienlink

- Vortrag zur Acheiropoieta anlässlich eines Symposiums [9]

Referenzen

[1] Kluge Etymologisches Wörterbuch der deutschen Sprache, 24. Auflage

[2] http://d-nb.info/gnd/4026532-8

[3] http://gso.gbv.de/DB=2.1/CMD?ACT=SRCHA&IKT=1016&SRT=YOP&TRM=4026532-8

[4] http://www.myriobiblos.gr/texts/german/moutsoulas_icons.html

[5] http://www.ikonenfreunde.org

[6] http://www.ikonenmalen.de

[7] http://www.icon-art.info/gallery.php?lng=de

[8] http://www.volto-santo.com

[9] http://netzspannung.org/cat/servlet/CatServlet?cmd=netzkollektor&subCommand=showEntry&entryId=114296&lang=en

Marienbildnis

Als **Marienbildnis**, **Madonnenbildnis** oder auch nur **Marienbild** bezeichnet man in der christlichen bildenden Kunst die Darstellung Marias allein oder gemeinsam mit Jesus Christus als Kind. Seit dem 3. Jahrhundert bildet das Marienbild den häufigsten Gegenstand der christlichen Kunst, dass sich auf zahllosen Bildmedien und in vielfachen inhaltlichen Zusammenhängen präsentiert und der Marienverehrung bildhaften Ausdruck verleiht.[1]

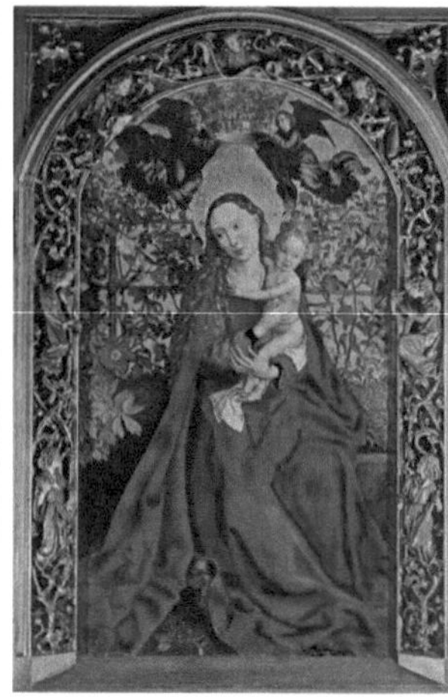

Martin Schongauer, Maria im Rosenhag, 1473, Tempera auf Holz, Colmar, Dominikanerkirche

Marienbilder greifen oft Szenen aus der Marienlegende, dem Marienleben oder dem Leben von Jesus Christus auf. Daneben existieren zahlreiche Bildzyklen und Einzeldarstellungen, bei denen sich eigenständige Bildtypen herausgebildet haben, sowie solche, die bestimmte theologische Vorstellungen und Zusammenhänge abbilden.[2]

Geschichtliche Entwicklung

Die Geschichte des Marienbildnisses ist zugleich eine Geschichte der Darstellungstypen, eine Geschichte der Anlässe der Mariendarstellung, aber auch eine Geschichte der Marienheiligtümer und Marienwallfahrten und nicht zuletzt eine Geschichte der Marienfrömmigkeit, deren sich wandelnde Haltungen auch einen Bedeutungswandel der bildlichen Darstellungen mit sich brachte. Daneben spielt das Marienbildnis auch eine mitunter wichtige Rolle im Werk einzelner Künstler. Diese verschiedenen Stränge der Geschichte des Marienbildes überlagern sich vielfach, die Marienikonograpie lässt sich deshalb und auch wegen zahlloser regionaler oder lokaler Besonderheiten kaum systematisieren.[3]

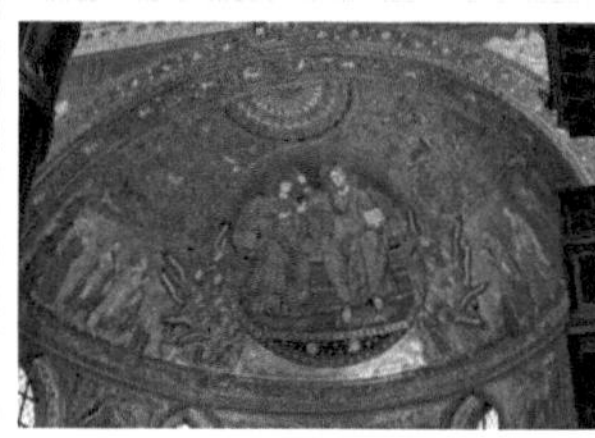

Krönung der Maria, Apsismosaik in Santa Maria Maggiore, Rom, 1295 unter Verwendung von Resten des urspürunglichen Mosaiks aus dem 5. Jh.

Frühchristliche Kunst

Frühe Marienbilder stammen bereits aus dem 2. Jahrhundert. Sie sind beispielsweise in der Priscilla-Katakombe in Rom zu sehen. Meist wurde Maria hier jedoch nicht eigenständig, sondern in thematisch am Leben Jesu oder der Theologie Christi orientierten Szenen (mit) dargestellt. Die Zahl der Marienbilder nahm zu, nachdem Maria im Jahre 431 auf dem Konzil von Ephesos als Gottesmutter dogmatisiert worden war. Ab diesem Zeitpunkt entwickelten sich eigenständige Marienbildtypen. Programmatisch für die neue Haltung seit dem Konzil von Ephesos ist die Basilika Santa Maria Maggiore in Rom.[4]

Byzantinische Kunst nach dem Bilderstreit

Byzantinische Madonnen und die der russischen Ikone verwenden eine andere und teilweise sehr einheitliche Darstellungsform, verglichen mit den Darstellungsweisen der westeuropäische Marienbilder, auch wenn die byzantinischen Darstellungen für die europäischen Bilddarstellungen richtungsweisend waren.

Anders als in der westeuropäischen Kunst haben sich in der byzantinischen Kunst sehr typische Madonnentypen entwickelt, die als Typus eindeutig benannt werden können:

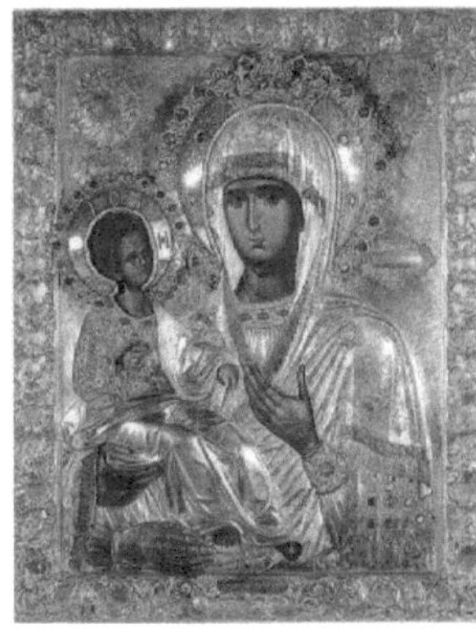

„Dreihändige" Gottesmutter (Tricheirousa), Kloster Hilandar, Athos

- *Hodegetria* - Marienfigur, die das Kind auf dem linken Arm trägt und mit der rechten Hand auf dieses weist; selten auch als *Dexiokratusa* mit dem Kind auf dem rechten Arm oder *Tricherusa* (kirchenslavisch: *Troeručica*) mit drei Händen
- *Nikopoia* oder *Kyriotissa* - dem Betrachter frontal gegenüberstehende Maria mit Kind
- *Blacherniotissa, Maria orans* - Darstellung der Maria ohne Kind. Maria hat jedoch die Arme zum Gebet erhoben.
- *Platytera* - Betende Maria, vor der das Christuskind auf einem Clipeus dargestellt ist. Beide sind frontal dem Betrachter zugewandt
- *Eleusa oder Glykophilusa* - Darstellung der Maria mit dem Kind, wobei sich das Kind an das Gesicht der Mutter schmiegt
  - *Psychosostria* - Seelenretterin
- *Galaktotrophousa, Maria lactans* - stillende Maria, die meist als Halbfigur dargestellt wird
- *Paraklesis* - Darstellung einer Maria ohne Kind; Maria hat als Attribut eine Schriftrolle

Siehe auch: *Marienikone*

Darstellungsformen der westeuropäischen Kunst bis zum Konzil von Trient

Die westeuropäische Kunst entwickelte weniger strenge Darstellungsformen. Auch hier bildeten sich Muster heraus.

Zentrale Formen sind:

- die thronende Madonna als Mutter Gottes, mit Kind
- Bildnisse der stehenden Maria, mit oder ohne Kind

Die strengste Form der Darstellung war die in der Romanik. In dieser Zeit wurde die Madonna überwiegend feierlich und streng mit Kind als *Maestà* oder *Sedes sapientiae* dargestellt.

In der Zeit der Gotik entstanden zahlreiche Bildtypen für die Darstellung der Maria. Nicht jedes Marienbild lässt sich jedoch eindeutig einem spezifischen Bildtyp zuordnen. Typisch für Madonnen der Gotik ist jedoch die zunehmende Betonung ihrer menschlichen und mütterlichen Seite. Die meisten gotischen Madonnen werden stehend gezeigt und wenden sich dem Kind zu.

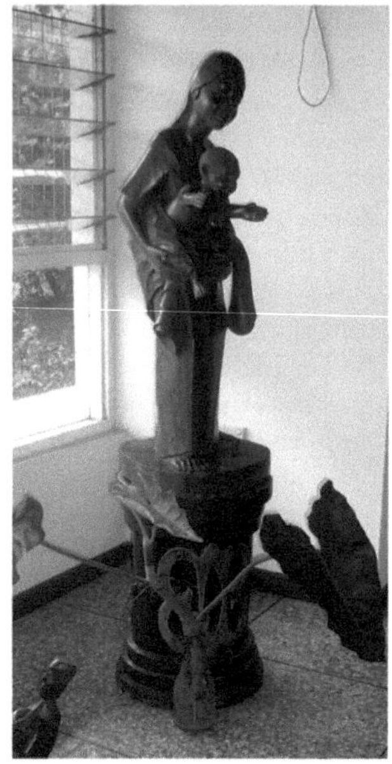

stehende Madonna. Zeitgenössische Holzplastik aus Ghana

Seit dem 12. Jahrhundert wurden außerdem bevorzugt Szenen aus dem Marienleben gezeigt. Typische Bildthemen waren *Anna selbdritt*, *Englischer Gruß*, die *Krönung Mariens*, *Maria Himmelfahrt* und die Darstellung der Schmerzensmutter als *Pietà* oder bei der *Beweinung Christi*.

Typisch für die Renaissance Italiens ist die *Sacra Conversazione* (Maria im kleinen Kreise), nördlich der Alpen die *Virgo inter Virgines*, Jungfrau unter Jungfrauen, und die *Maria im Rosenhag* oder *Maria im Paradiesgarten*.

Mit der Wiederbelebung des Marienkultes in der Zeit der Gegenreformation wird Maria besonders häufig als *hoheitsvolle Herrscherin (Regina Coeli)* oder – ohne Kind – als *Immaculata*, die Unbefleckte, dargestellt.

Darüber hinaus haben sich bestimmte Sonderformen der Mariendarstellung herausgebildet. Dazu gehören:

- *Schutzmantelmadonna*
- *Mondsichelmadonna*
- *Muttergottes des Zeichens*
- *Schöne Madonna*
- *Schwarze Madonna*
- *Wegweisende Madonna*
- *Maria Knotenlöserin*

Siehe auch:

- Kurt Reuber: *Stalingradmadonna* (1942, Berlin, Kaiser-Wilhelm-Gedächtniskirche)

Literatur

- Kristin Vincke: *Die Heimsuchung. Marienikonographie in der italienischen Kunst bis 1600.* Köln, 1997.
- Claudia Opitz und Dieter Bauer (Hg.): *Maria, Abbild oder Vorbild? Zur Sozialgeschichte mittelalterlicher Marienverehrung.* Tübingen, 1990.
- Eva-Maria Jung-Inglessis: *Römische Madonnen: Über die Entwicklung der Marienbilder in Rom von den Anfängen bis in die Gegenwart.* St. Ottilien, 1989.
- Achille Silvestrini: *Das Marienleben im Spiegel der Kunst.* Herrschint, 1985.
- Wolfgang Beinert und Heinrich Petri (Hg.): *Handbuch der Marienkunde.* Regensburg, 1984.
- Heinrich und Margarethe Schmidt: *Die vergessene Bildersprache der Kunst.* C.H. Beck Verlag München 1981.
- Engelbert Kirschbaum (Hg.) u.a.: *Lexikon der Christlichen Ikonographie.* Freiburg, 1971. Bd. 3, Stichwort "Maria, Marienbild".
- Konrad Algermissen (Hg.) u.a.: *Lexikon der Marienkunde.* Regensburg, 1967.
- Walter Delius: *Geschichte der Marienverehrung.* Basle, 1963.
- Paul Sträter (Hg.): *Katholische Marienkunde.* Paderborn, 1947-51.
- Walter Rothes: *Die Madonna in ihrer Verherrlichung durch die bildende Kunst aller Jahrhunderte.* Köln, 1920.
- Anna Brownell Jameson: *Legends of the Madonna as represented in the fine arts.* London, 1902.
- Liell, H.F.Jos.: *Die Darstellungen der allerseligsten Jungfrau und Gottesgebärerin Maria auf den Kunstdenkmälern der Katakomben. Dogmen- und kunstgeschichtlich bearbeitet.* Freiburg im Breisgau, Herder'sche Verlagshandlung, 1887.
- A. Schultz: *Die Legende vom Leben der Jungfrau Maria und ihre Darstellung in der bildenden Kunst des Mittelalters.* Leipzig, 1878.
- Jacobus de Voragine: *Legenda aurea.* Genua, um 1230–1298.
- Reiner Dieckhoff: *Kölner Madonnen*, Emons, Köln 2009, 978-3-89705-595-7.

Referenzen

[1] Engelbert Kirschbaum (Hg.) u.a.: *Lexikon der Christlichen Ikonographie.* Freiburg, 1971. Bd. 3, Stichwort "Maria, Marienbild", S. 157.

[2] Engelbert Kirschbaum (Hg.) u.a.: *Lexikon der Christlichen Ikonographie.* Freiburg, 1971. Bd. 3, Stichwort "Maria, Marienbild", S. 156.

[3] Engelbert Kirschbaum (Hg.) u.a.: *Lexikon der Christlichen Ikonographie.* Freiburg, 1971. Bd. 3, Stichwort "Maria, Marienbild", S. 156.

[4] Engelbert Kirschbaum (Hg.) u.a.: *Lexikon der Christlichen Ikonographie.* Freiburg, 1971. Bd. 3, Stichwort "Maria, Marienbild", S. 156.

Nikopoia

Unter **Nikopoia** (griech. „die Siegbringende") auch **Kyriotissa** („Herrin") versteht man ein Marienbild, das eine dem Betrachter frontal gegenüberstehende Maria mit Kind zeigt.

Dieses Gnadenbild aus dem byzantinischen Reich ist der *Thronenden* und *Wegweisenden Muttergottes* sehr ähnlich. Maria hält das Christuskind auf ihrem Schoß. Ihre rechte Hand ruht auf der Schulter des Kindes, ihre Linke auf seinem Knie.

Der Name „Siegbringerin" weist darauf hin, dass byzantinische Kaiser diese Ikone mit auf ihre Feldzüge nahmen.

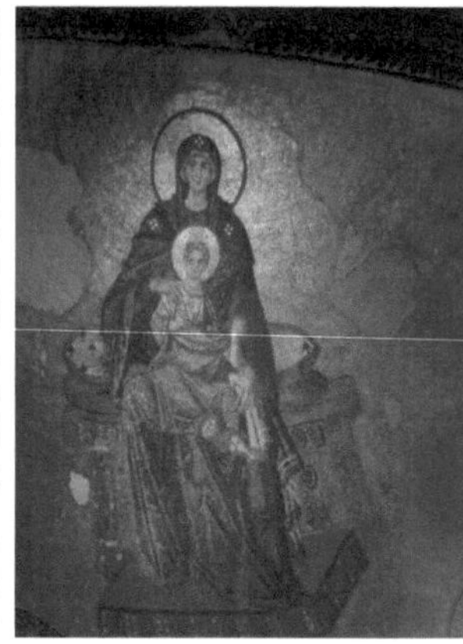

Nikopoia; Hagia Sophia, Istanbul

Quellen

- Heinrich und Margarethe Schmidt: *Die vergessene Bildersprache der Kunst.* C.H. Beck Verlag München 1981, S. 203

Maria orans

Maria orans (lat.), griech. **Blacherniotissa** („betende Maria") ist in der christlichen Ikonographie eine Darstellungsform der Maria. Die Gottesmutter Maria ist als Beterin dargestellt: frontal, die Arme ausgebreitet und die Hände in Schulterhöhe zum Gebet erhoben. Maria orans vermittelt durch ihr Gebet zwischen den zu ihren Füßen dargestellten Stiftern oder den Betrachtern und Gott. Der Darstellungstyp kommt ursprünglich aus der byzantinischen Kunst. Ungewöhnlich ist dort und später die Abbildung Marias ohne das göttliche Kind; meist ist es in der Form eines Brustmedaillons dargestellt (*Muttergottes vom Zeichen*). Außerhalb von Byzanz, insbesondere nördlich der Alpen, ist der Orans-Typus selten geblieben.

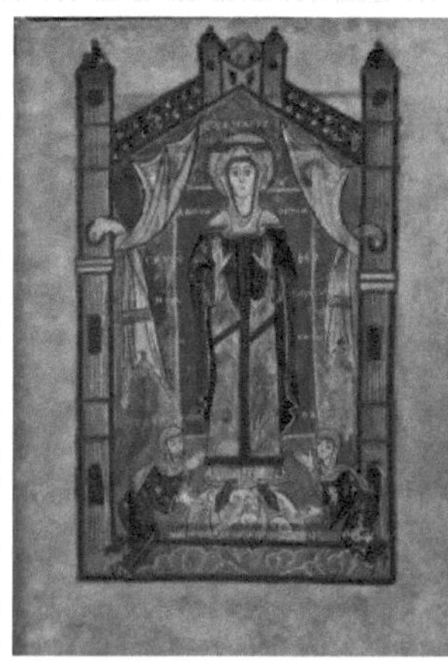

Maria, dargestellt als Maria orans, nimmt die Stiftung der Essener Äbtissin Suanhild entgegen (Buchmalerei, zwischen 1058 und 1085)

Literatur

- Josef Strzygowski: *Drei Miscellen: III, Die Maria-Orans in der byzantinischen Kunst.* In: *Römische Quartalschrift für christliche Altertumskunde und Kirchengeschichte.* 7. 1893, S. 4–10

Muttergottes vom Zeichen

Die **Muttergottes vom Zeichen** (russ. *znamenie*, griech. *Platytera*) ist ein Typus russischer Marienikonen wie „Die Erbarmende“ oder Die Wegweisende. Die Muttergottes vom Zeichen ist stehend dargestellt, oft mit zum Gebet erhobenen Händen. Auf der Brust trägt sie ein Medaillon mit dem Bild Christi (nach Jesaja 7,11: „die Jungfrau wird eine Leibesfrucht empfangen und einen Sohn gebären“). Die griechische Bezeichnung platytera, die Umfassende, weist auf einen Marienhymnus hin: „Deinen Schoss hat er umfangreicher gemacht als die Himmel“, daher wird sie auch als *Platytera ton Ouranon* (weiter als der Himmel) bezeichnet.

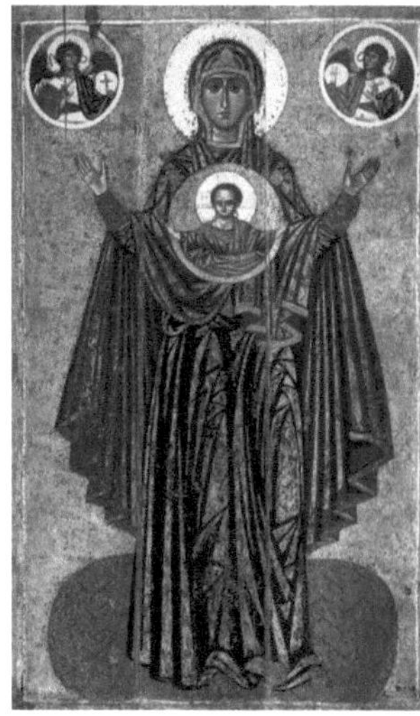

Muttergottes vom Zeichen aus dem 13. Jahrhundert

Literatur

- Adolf Weis: *Die Madonna Platytera*, Verlag K. R. Langewiesche, 1985

Eleusa

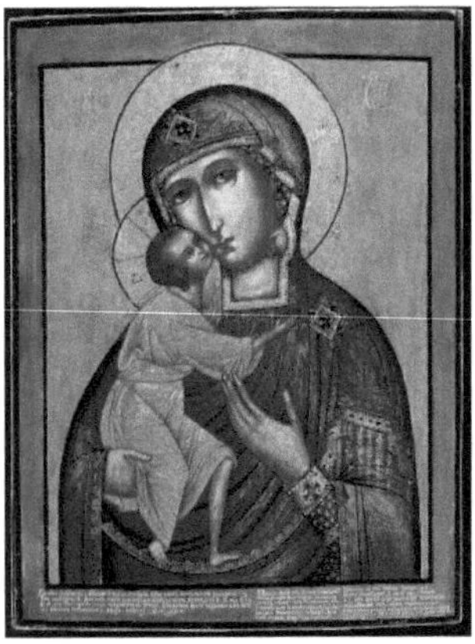

"Fedorovskaya" - Ikone im byzantinischen Stil, Kopie aus dem frühen 18. Jahrhundert

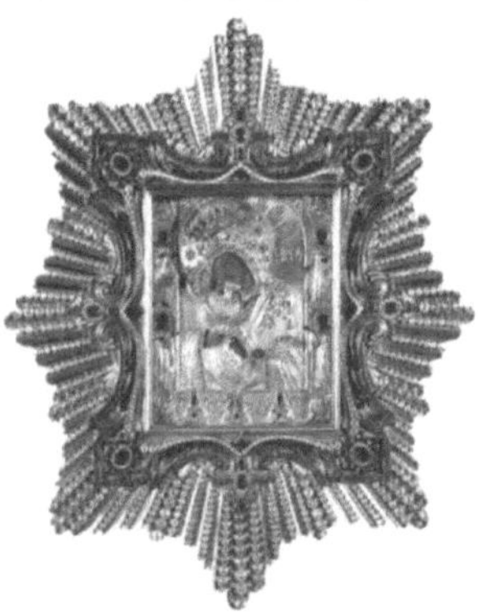

Ikone der Gottesmutter von Potschajiw

Eleusa (griech. *Ἐλεούσα*, die Mitleidende, Erbarmerin) ist der ikonographischen Typus orthodoxer Ikonen für eine Darstellungsweise der Gottesmutter mit dem Christuskind. Die Eleusa ist dadurch charakterisiert, dass Maria sich dem Kind liebevoll zuwendet, es oft mit der linken Hand berührt und die Gesichter aneinander geschmiegt sind. Dadurch soll die innige Beziehung zwischen den beiden deutlich sichtbar werden, wobei der leidvolle Ausdruck im Antlitz Mariens darauf hinweisen soll, dass sie die in der Zukunft liegende Passion bereits voraussehen kann. Die Eleusa symbolisiert das Opfer Jesu als das höchste Zeichen der Liebe Gottes für die Menschheit.

Bekannte Beispiele für die Eleusa sind die *Fedorovskaja*, die Gottesmutter von Wladimir, sowie die ukrainische Gottesmutter von Potschajiw.

siehe auch

- Marienikone

Maria lactans

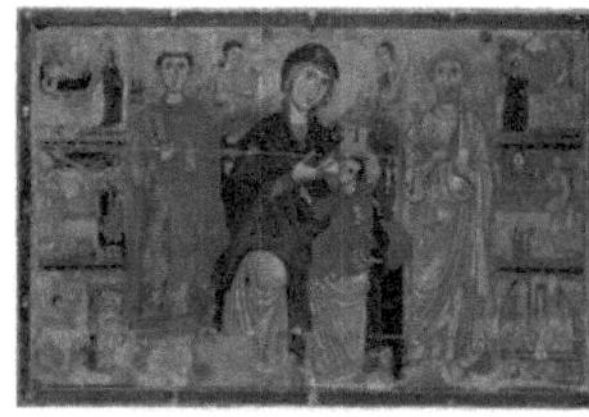

Meister der Heiligen Magdalena: *Thronende Madonna lactans mit Hl. Petrus und Hl. Leonhard*, Ende 13. Jh., Yale University Art Gallery, New Haven

Maria lactans (auch: **Galaktotrophousa**, **Mlekokapitelniza**, **Stillende Gottesmutter**, **Seliger Schoß**) bezeichnet das Bildmotiv der stillenden Maria.

Das Bildmotiv tauchte bereits in der alten ägyptischen Kultur auf, wo die Göttin Isis den Horusknaben stillt, was symbolhaft für die Fruchtbarkeit stand.

Im byzantinischen Reich und auch in Westeuropa des 14. und 15. Jahrhunderts wurde dem Bildtypus der *Maria lactans* eine andere Bedeutung beigemessen: Das Christuskind ist Gott, der über die Brust der Mutter mit der Menschheit in Verbindung tritt.

Eine der frühesten christlichen Statuen einer stillenden Madonna dürfte die aus dem ersten Jahrtausend stammende Nossa Senhora da Nazeré (Unsere Liebe Frau von Nazareth) in Nazaré, Portugal sein.

Bei den barocken Brunnenkapellen einiger Wallfahrtsorte wird das Wasser durch die Brüste der Marienfigur geleitet, so in der Wallfahrtskirche Mariahilf ob Passau, in der Quelle von Rengersbrunn oder in Maria Ehrenberg.

Bei Laktationsschwierigkeiten oder Mastitis war es in einigen Regionen Brauch, vor einer Maria-Lactans-Darstellung zu beten und wächserne Nachbildungen der eigenen Brüste als Weihegabe zu opfern.[1]

Auch in der Ikonographie des Weltgerichtes spielt das Motiv der *Maria lactans* eine bedeutende Rolle. Im sogenannten Interzessionsbild (Bild der Fürbitte) zeigt die Madonna ihre freie Brust dem richtenden Sohn, um ihn für die Gläubigen als Kinder Gottes daran zu erinnern, dass sie ihn einst gestillt hatte. Eine Abwandlung des Motives in Rückenansicht befindet sich im Zentrum von Raffaels Transfiguration („Verklärung Christi", 1517 Rom, Pinacoteca Vaticana), die kürzlich von Gregor Bernhart-Königstein als Weltgericht (Weltverklärung) identifiziert werden konnte. Maria mit befreitem Rücken zeigt hier ihrem in roter Knechtsgestalt herabgestiegenen Sohn die freie Brust, um ihn für die Gruppe der Sünder daran zu erinnern.[2]

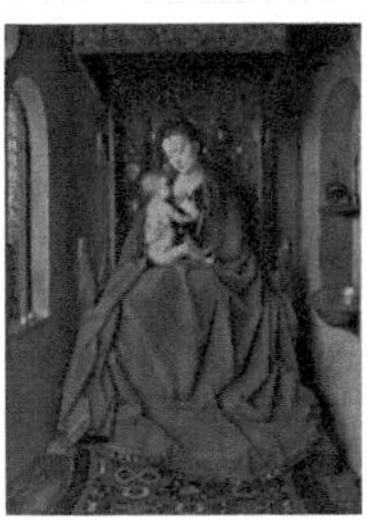

Jan van Eyck: Maria lactans, um 1430

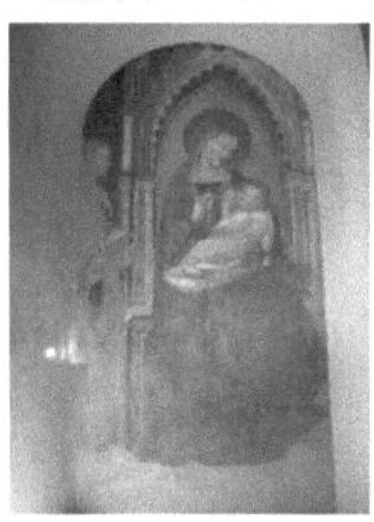

Andrea Bonaiuti: *Madonna in trono con bambino e Sant'Apollonia*, 2. Hälfte 14. Jh., Via San Gallo, Florence

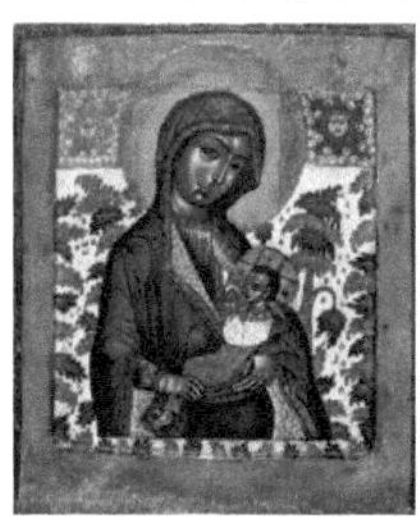

Icon Mlekokapitelniza (Russland)

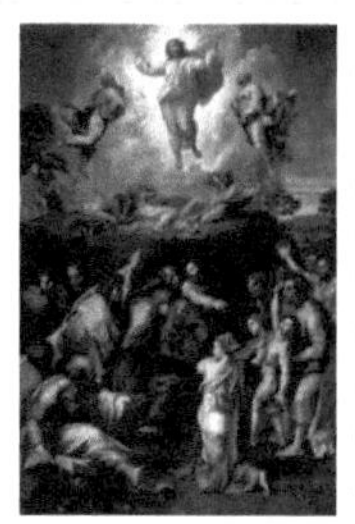

Verklärung Christi, Vatikanische Pinakothek

Literatur

- *Galaktotrophousa* [3] und *Maria lactans* [4]. In: *Das grosse Kunstlexikon von P.W. Hartmann.* Hartmann, Sersheim 1997, ISBN 3-9500612-0-7

Weblinks

- Maria-Lactans [5] (spanisch)

Referenzen

[1] Wolfgang Beinert, Heinrich Petri (Hrsg.): *Handbuch der Marienkunde.* Bd. 2, S. 536. Pustet, Regensburg 1997, ISBN 3-7917-1527-5

[2] Gregor Bernhart-Königstein: *Raffaels Weltverklärung - Das berühmteste Gemälde der Welt.* Michael Imhof Verlag Petersberg 2007, ISBN 978-3-86568-085-3

[3] http://www.beyars.com/kunstlexikon/lexikon_3210.html

[4] http://www.beyars.com/kunstlexikon/lexikon_5746.html

[5] http://www.historia-del-arte-erotico.com/cleopatra/

Schutzmantelmadonna

Eine **Schutzmantelmadonna** ist eine Mariendarstellung (Madonna), die unter ihrem ausgebreitetem Mantel betende Gläubige birgt. Die Figuren unter dem Mantel stehen symbolisch unter dem Schutz Mariens.

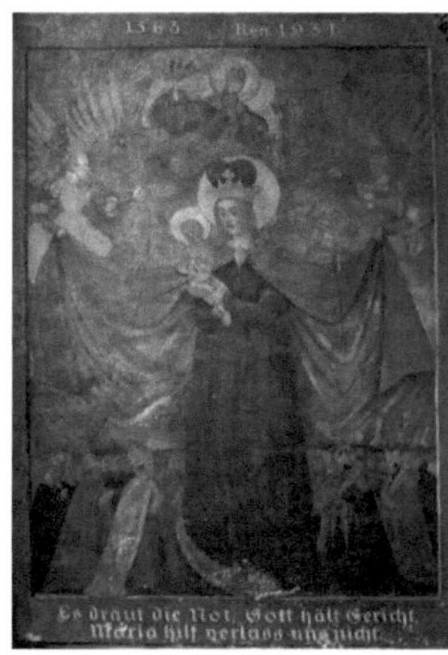

Schutzmantelmadonna am Überlinger Münster

Schutzmantelmadonnen gibt es in der Bildenden Kunst seit dem 13. Jahrhundert. Das Motiv basiert zunächst allgemein auf dem Rechtsbrauch des Mantelschutzes, wonach man einer Person durch Bedecken mit seinem Mantel rechtlichen Schutz gewährt. In der russischen Orthodoxen Kirche, wo der Schutzmantel (russ. Pokrov) Mariens seit dem 12. Jahrhundert durch ihm gewidmete Kirchen und Klöster und einen eigenen Festtag (2. Oktober) verehrt wird, knüpft die ikonographische Tradition noch besonders an die byzantinische Legende von der Marienvision des Seligen Andreas "Salós" (10. Jh.), des "Narren" Christi, an, der die Gottesmutter in Konstantinopel in der Blachernen-Kirche ihren Schleier vom Haupt nehmen und über die Gläubigen breiten sah (siehe Maphorion). In der russischen Tradition sind vor allem zwei Bildtypen vertreten: Maria breitet oder hält den Schleierumhang auf ausgestreckten Armen, oder dieser wird von schwebenden Engeln über ihr gehalten.

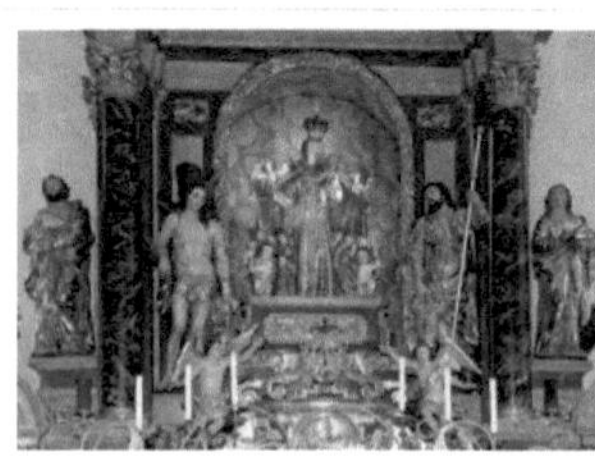

Gnadenbild mit Schutzmantelmadonna (Wallfahrtskirche Maria Gail, Kärnten)

In der römisch-katholischen Kirche waren es besonders die Zisterzienser und Dominikaner, die durch Predigten über neue Schutzmantelvisionen - in denen die im Jenseits geschaute Gottesmutter die verstorbenen Mitglieder des jeweiligen Ordens unter den besonderen Schutz ihres Mantels nimmt - die bildliche Vorstellung von Maria als Schutzherrin der Gläubigen popularisierten.

Die Darstellung der Schutzmantelmadonna in der westlichen Kunst erfolgt stehend mit - sofern sie kein Jesus-Kind im Arm hält - ausgebreiteten Armen über einer Schar kleinfiguriger Personen, Vertretern der Gesellschaft und des Klerus.

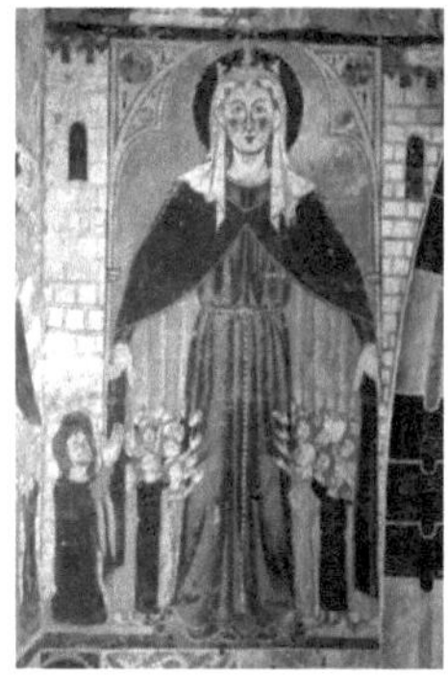

Schutzmantelmadonna aus der Kirche Sogn Gieri bei Rhäzüns im Kanton Graubünden

Bekannte Schutzmantelmadonnen

Deutschland

- Von Gregor Erhart (ca. 1465-1540) stammt eine Schutzmantelmadonna auf dem Hochaltar der Zisterzienserkirche des Kloster Kaisheim bei Donauwörth (1502-04). Die 1,5 m hohe Madonna trägt einen blauen Mantel und ein goldenes Gewand. Unter dem Mantel beherbergt sie auf beiden Seiten je fünf Gläubige verschiedenen Alters und Berufes. Die Figur besteht aus farbig gefasstem Lindenholz. Sie hält ein Kind auf dem Arm.
- Als Fresko findet sich in der Kinderlehrkirche von Memmingen eine Schutzmantelmadonna, die um 1521 von Bernhard Strigel geschaffen wurde.
- Aus der Jüngeren Villacher Werkstatt (um 1517) stammt die außergewöhnlich gut erhaltene Laubholzskulptur (H 80 cm) einer Schutzmantelmadonna mit alter Fassung in Kolumba, dem Kunstmuseum, des Erzbistums Köln (Schenkung Härle) in Köln. Zur Madonna und den beiden Gruppen von Schutzsuchenden gehört noch ein Engelpaar, das den Schutzmantel hoch hält, so dass auch von einer Schutzmantelgruppe gesprochen wird.

Österreich

- Eine weitere bekannte Schutzmantelmadonna steht im Benediktiner-Stift Admont in der Steiermark. Die von einem unbekannten Meister um 1420 geschnitzte Holzfigur trägt einen blau-goldenen Mantel und ein rotes Kleid und hält ein Christuskind auf dem Arm.
- Wallfahrtskirche Maria Gail im südlichen Kärnten. Die Kirche enthält einen üppig ausgestatteten barocken Hochaltar, in dessen Mittelpunkt eine holzgeschnitzte Schutzmantelmadonna aus der Zeit um 1600 steht. Dieses Hochrelief gilt als Gnadenbild und begründete den Ruf des Gotteshauses als Wallfahrtskirche.

Schweiz

- zwei Beispiele von Schutzmantelmadonnen finden sich in den Kirchen von Sogn Gieri bei Rhäzüns im schweizerischen Kanton Graubünden und in der Kirche St. Dionys-Wurmsbach bei Rapperswil-Jona im Kanton St. Gallen. Sehr häufig findet sich die Schutzmantelmadonna auch in spätmittelalterlichen Fresken im Kanton Tessin, wie zum Beispiel in S. Maria in Selva (Locarno), in S. Biagio (Ravecchia) und S. Ambrogio (Chironico).

Zuweilen findet sich das Schutzmantelmotiv auf Pestbildern, wo es Deckung vor den Pfeilen der Seuche bietet.

Siehe auch

- Maphorion
- Schwarze Madonna
- Marienbild
- Pietà
- Mater Dolorosa
- Mondsichelmadonna
- Maria Immaculata
- Schreinmadonna
- Stalingradmadonna

Weblinks

- Artikel "Schutzmantelmadonna" [1] und Pokrov [2] im Grossen Kunstlexikon von P. W. Hartmann
- Franz Slump, Gottes Zorn – Marias Schutz: Pestbilder und verwandte Darstellungen als ikonographischer Ausdruck spätmittelalterlicher Frömmigkeit und als theologisches Problem: [3] überarbeitere elektronische Fassung einer Lizentiatsarbeit von 2000 an der Philosophisch-Theologischen Hochschule in Münster.

Referenzen

[1] http://www.beyars.com/kunstlexikon/lexikon_8122.html
[2] http://www.beyars.com/kunstlexikon/lexikon_7109.html
[3] http://www.slump.de/

Mondsichelmadonna

Die **Mondsichelmadonna** (*apokalyptische Madonna, Madonna im Strahlenkranz*) bezeichnet in der christlichen Ikonografie das durch die Vorstellung des apokalyptischen Weibes geprägte Marienbild.

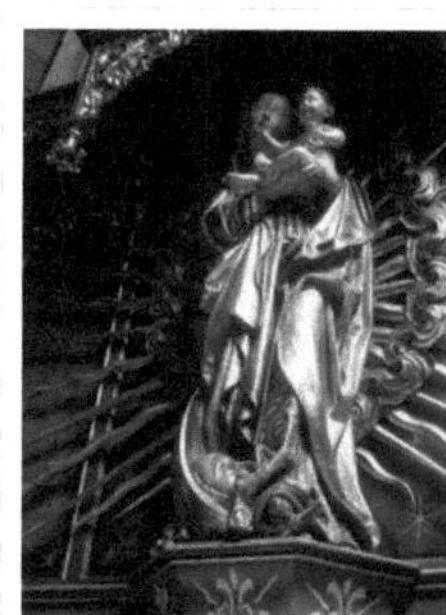

Überlinger MünsterMadonna mit Osmanenkopf auf der Mondsichel

Ursprünge

Sie basiert auf dem Erscheinungsbericht einer kosmischen von einem Drachen verfolgten schwangeren Frau, die von Sternen gekrönt und mit der Sonne bekleidet auf den Mond tritt und dem letzten apokalyptischen Gefecht zwischen dem Drachen und dem Erzengel Michael ausgesetzt wird.

> *Und es geschah ein großes Zeichen am Himmel: eine Frau mit der Sonne bekleidet und der Mond unter ihren Füßen und auf ihrem Haupt eine Krone von zwölf Sternen.* (Apokalypse 12,1)

Religionsgeschichtlich wird das Bild vom apokalyptischen Weib auf den Isis-Astralkult der Antike zurückgeführt, es erfährt aber durch das Geburtsmotiv eine apokalyptische Umdeutung. Bereits die Alte Kirche deutet die zwölf Sterne als den Tierkreis, die Sonne als Christus und den Mond als die Vergänglichkeit der Welt. Seit Epiphanius wird das Weib mit Maria identifiziert, in der Orthodoxie (und später auch bei Luther) mit der Kirche.

In dieser Darstellungsform wird Maria auch als *Königin des Himmels* (lat. *regina coeli*) bezeichnet.

Darstellungen

Die erste bildliche Darstellung der Mondsichelmadonna findet sich im Hortus Deliciarum der Herrad von Landsberg (1175/85) und im Matutinale von Scheyern (1206/26).

In der Gotik wandeln sich die Züge des apokalyptischen Weibes zunehmend ins madonnenhafte wie das Initiale A im Graduale von St. Katharinenthal, 1312.

Die älteste Holzplastik findet sich in der Hirschmadonna (Erfurt 1370).

Die Monddarstellung wurde zunächst als Vollmond mit einem Gesicht ausgeführt, mit dem 15. Jahrhundert zunehmend als Mondsichel, wechselnd mit nach oben bzw. nach unten geöffneter Sichel.

Im ausgehenden Mittelalter wurde dem Typus auch der Titel "Maria vom Siege" bzw. "Unsere liebe Frau vom Sieg" beigelegt.

Mondsichelmadonnen wurden im 15. Jahrhundert meist als Einzelfiguren, in Marienleuchtern sowie als Altarbestandteile ausgeführt.

Zuweilen stellte man auch die Thronende Madonna mit dem Mondsymbol verbunden dar (Madonna aus Ulm 1420/25).

Das Mondsichelmotiv wurde so beliebt, dass man ältere Madonnen nachträglich mit Strahlenkranz und Mondsichel versah (Leuchtermadonna Bad Doberan 1300, ergänzt 15. Jahrhundert).

Im 16. Jahrhundert gesellte sich zur Mondsichel das Schlangenmotiv, die als Symbol des Bösen von Maria zertreten wurde (Relief v. Peter Dell 1515).

Der Typ der Mondsichelmadonna wandelte sich im 17./18. Jahrhundert in den Typ der Maria Immaculata.

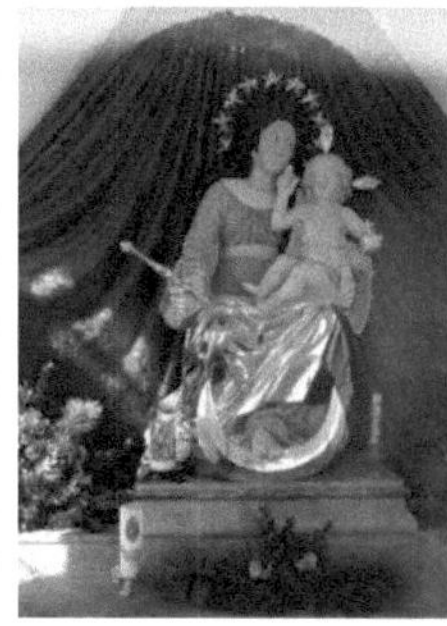

Volkstümliche Mondsichelmadonna in einer süddeutschen Kapelle

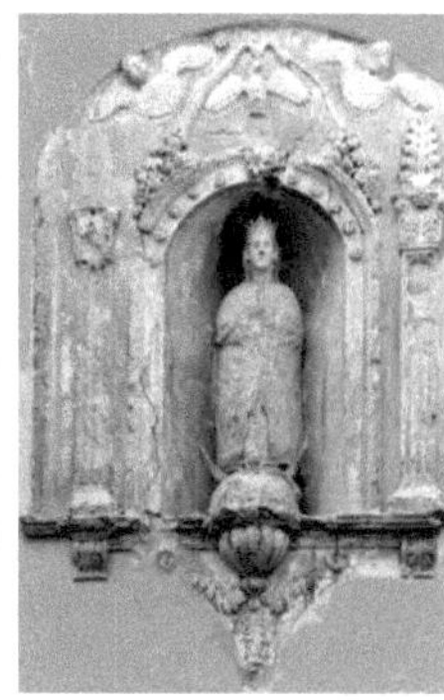

Betende Mondsichelmadonna in einer Wandnische im friulanischen Amaro

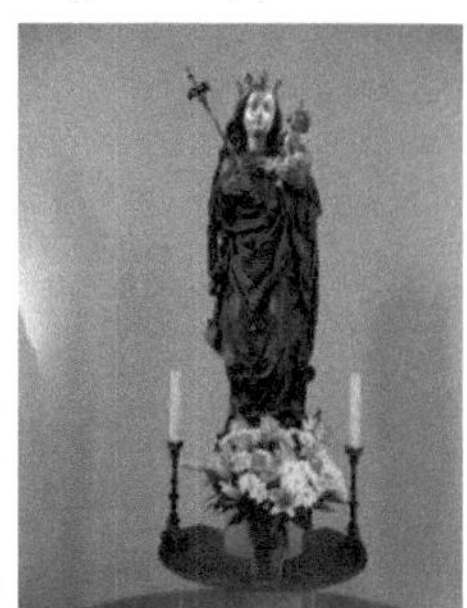

Mondsichelmadonna (spätes 15. Jahrhundert)

Literatur

- Lexikon der Christlichen Ikonografie, Herder 1994

Weblinks

- http://www.beyars.com/kunstlexikon/lexikon_6070.html Kunstlexikon: "Mondsichelmadonna"

- http://www.prignitz-entdecken.de/highlights/mondsichelmadonnen.html Mondsichelmadonnen in der Prignitz, dem nordw. Teil Brandenburgs
- http://www.mondsichelmadonna.de Mondsichelmadonnen "Altes Südfranken"

Weicher Stil

Der **weiche Stil** ist eine Stilrichtung in der spätgotischen Malerei und Plastik um 1400. Sie stellt das letzte Kapitel in der Geschichte der mittelalterlichen Skulptur und Plastik dar. Wichtige Träger des weichen Stils sind stehende Madonnenplastiken, die auch **„schöne Madonnen"** genannt werden.

Entwicklung zum Weichen Stil

In der Zeit der Entwicklung zum Weichen Stil besaß für die Kultur vor allem die Achse Prag–Paris Bedeutung, was auf die besonders engen Beziehungen der Luxemburger mit den französischen Königen zurückzuführen ist. Der aus dem Geschlecht der Luxemburger stammende römisch-deutsche Kaiser Karl IV. (1346–1378) hatte sich zum Ziel gesetzt, Prag zum künstlerischen Zentrum Mitteleuropas zu machen, was ihm auch gelang.

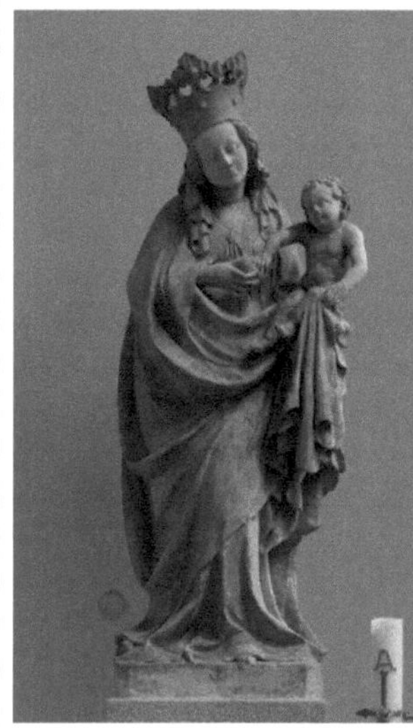

„Horber Madonna", um 1400

Der wichtigste und bedeutendste Architekt und Künstler im Dienst Karls IV. war Peter Parler.

Für den Bau des Veitsdomes in Prag holte Karl IV. Matthias von Arras. Nachdem dieser 1352 verstarb, führte Peter Parler die Arbeiten am Chor des Veitsdoms weiter. Aus der Grabinschrift Peter Parlers geht hervor, dass er auch noch für die Allerheiligenkirche im Hradschin, den Chor der Kirche von Kollin an der Elbe und die Prager Karlsbrücke verantwortlich war. Auch führte er das Grabmal Ottokars I. Přemysl aus, wofür er 900 Silbergroschen nahm.

In dem Bestreben, aus Prag eine der größten Städte Europas zu machen, richtete Karl IV. seine besondere Aufmerksamkeit auf zwei Gebäude: den Veitsdom und die Burg Karlstein. Dafür ließ er aus Avignon, vielleicht mit päpstlicher Empfehlung, den Architekten Matthias von Arras holen. Dieser führte die Arbeiten am Domchor bis zu seinem Tod 1352. Mit diesem Architekten entschied man sich also für den südfranzösischen Einfluss; die Einflüsse aus Narbonne schlugen sich tatsächlich nieder.

Merkmale

Der weiche Stil war insofern neuartig, als er sich von der starren, schweren, körperbetonten Figurensprache abwandte. Charakteristisch ist die Betonung des in runden, fließenden Mulden herabfallenden, zunehmend dreidimensional wirkenden Gewandes. Ebenfalls charakteristisch sind der zarte, verträumte Ausdruck und die zierliche Gestalt, gepaart mit Detailschilderungen.

Der weiche Stil war bereits um 1380 ausgebildet (siehe André Beauneveu) und ein Jahrzehnt später weit verbreitet. Schöne Madonnen entstanden fast während des gesamten 15. Jahrhunderts.

Um 1400 wurden in einigen Kunstzentren Ton und Kunststein zu den allgemein verwendeten Werkstoffen, da diese weniger kostspielig und leichter zu verarbeiten waren als die anderen gewöhnlichen Werkstoffe wie Naturstein, Marmor und Holz.

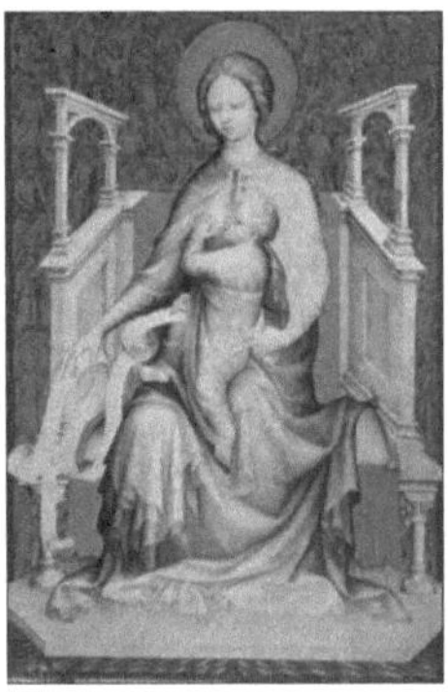

Madonna aus den *Très Belles Heures de Notre-Dame* eines unbekannten Künstlers (um 1402)

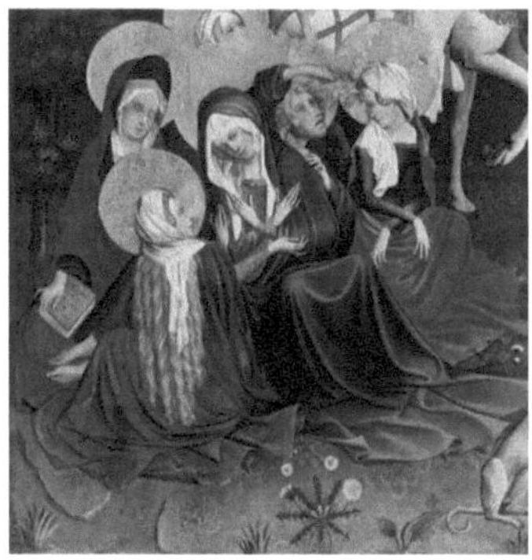

„Frauen unter dem Kreuz" aus dem Thomasaltar von Frater Francke (um 1424)

Die „schönen Madonnen" zeichnen sich durch eine gelöste Beweglichkeit und eine teils bis zum Erotismus gehende Versinnlichung aus. Die innige Beziehung der Muttergottes zum Jesuskind ist hierbei besonders auffallend.

Begriffe

Der Begriff „weicher Stil" wurde 1907 von H. Börger geschaffen und erfuhr in den 1920er bis 30er Jahren durch Wilhelm Pinder weite Verbreitung. Da er fast nur von der deutschen Kunstwissenschaft verwendet wird, gibt es umstrittene Versuche, die Ersatzbezeichnung **„Internationale Gotik"** einzuführen. Sie entspringt der Feststellung, dass der weiche Stil einem regen internationalen Austausch von Formen und Idee und einer in der Geschichte Europas bis dahin einmaligen Einheitlichkeit unterworfen war. Die von der tschechischen Kunstforschung ausgehende Bezeichnung **„schöner Stil"** ist ein weiteres Synonym für den weichen Stil.

Der Begriff „schöne Madonna" wird sowohl Pinder (1923) als auch A. Stix zugeschrieben. Letzterer führte einen – heute angezweifelten – „Meister der Schönen Madonna" ein.

Literatur

- *Weicher Stil* und *Schöne Madonnen.* In: *Lexikon der Kunst.* Hrsg. von Harald Olbrich. Deutscher Taschenbuch Verlag, München 1991, ISBN 3-423-05906-0
- *Weicher Stil* [1] und *Schöne Madonna* [2]. In: *Das grosse Kunstlexikon von P.W. Hartmann.* Hartmann, Sersheim 1997, ISBN 3-9500612-0-7

Referenzen

[1] http://www.beyars.com/kunstlexikon/lexikon_9601.html
[2] http://www.beyars.com/kunstlexikon/lexikon_8035.html

Schwarze Madonna

Als **Schwarze Madonna** wird in der religiösen Kunst und Marienverehrung das Bild oder die Statue einer Madonna bezeichnet, deren Gesicht schwarz ist. Dies kann entweder zurückgeführt werden auf eine schwarze Bemalung oder auf die Verwendung von schwarzem Holz oder Stein.

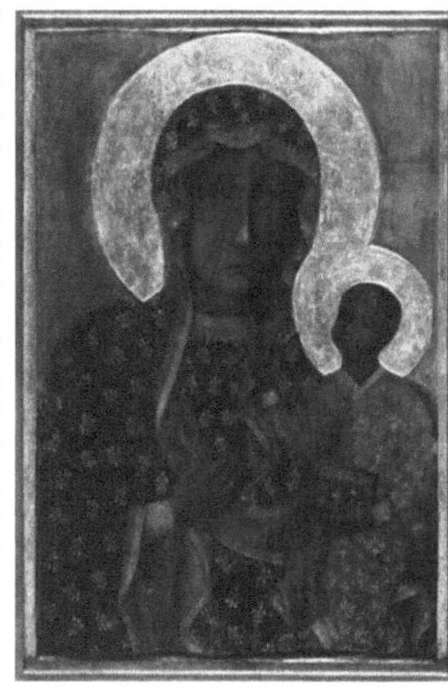

Schwarze Madonna von Częstochowa

So wird beispielsweise in Brasilien die Schwärze in Verbindung mit der dunklen Hautfarbe einheimischer Bevölkerung gebracht und als Mariendarstellung einer schwarzen Bevölkerung interpretiert.

Geschichte

Ursprung

Die früher häufiger vertretene Meinung, die dunkle Farbe sei auf nachträgliche Einflüsse wie das hohe Alter des Holzes oder aber auf die Verrußung durch das Anzünden von Kerzen vor dem Andachtsbild zurückzuführen, ist jedoch nach derzeitigem Kenntnisstand falsch. Die offensichtliche Gegenargumentation verweist darauf, dass eine selektive Schwärzung, die sich nur auf Gesicht und Hände auswirkt, nicht aber zum Beispiel auf die Kleidung, wenig plausibel ist.

Die biblische Begründung für die schwarze Farbe wurde dem Hohenlied entnommen: „Ich bin dunkel, aber schön“ (Hld 1,5 [1]). Die entsprechende Stelle in der Vulgata lautet: „Nigra sum sed formosa“. Dieses Zitat findet sich auch als Inschrift auf einigen Schwarzen Madonnen, wobei es meist nicht klar ist, ob die Inschrift nicht später hinzugefügt wurde. In der griechischen Septuaginta lautet die Stelle: „melaina eimi ego kai kale“, was mit „Ich bin schwarz und schön“ übersetzt werden kann. Dem Wechsel der Konjunktion von „und“ zu „aber“ galt einige gelehrte Diskussion. Im hebräischen Text ist die Konjunktion einfach „we“, aber sowohl „kai“ als auch „we“ können auch mit „aber,dennoch“ übersetzt werden. In der christlichen Exegese wurde die Stelle auf die Seele als die Braut Gottes (mithin Maria) bezogen.[2]

Im 20. Jahrhundert wurde versucht, die schwarze Farbe auf die antiken schwarzen Göttinnen als mögliche Vorläuferinnen der Schwarzen Madonna zurückzuführen. Die Schwarze Göttin lag in religionsgeschichtlicher Betrachtung vielen antiken Kulten zugrunde. Seit Jahrtausenden wurden Fruchtbarkeits-, Mutter- und Erdgöttinnen verehrt, die in manchen Fällen schwarz waren (siehe Alma mater, Große Mutter). Im Dreieck Anatolien - Ägypten - Mesopotamien war der Kult der Göttinnen Kybele, Astarte, Isis und Ischtar verbreitet. Von da aus setzte sich die

Tradition einerseits in westlicher Richtung fort mit Artemis, Demeter und Ceres, andererseits in östlicher Richtung mit der schwarzen Göttin Kali. In der germanischen und keltischen Welt gelten Freya und Ana – letztere wird besonders in der Bretagne mit der heiligen Anna in Verbindung gebracht - als Vorläuferinnen der Schwarzen Madonnen. Die Forschung betrachtet die christlichen Schwarzen Madonnen (wie den Marienkult überhaupt) somit nicht als eigenständige, unabhängige Erscheinung, sondern als in dieser allgemeinen, jahrtausendealten Tradition stehend.

Romanik

Die gesichert ältesten Darstellungen (Skulpturen vor allem aus Holz, selten aus Stein) von Schwarzen Madonnen stammen aus der romanischen Kunstepoche. Sie traten fast schlagartig in großer Zahl an vielen Orten auf. Als Gründe für dieses Phänomen gibt es noch keine eindeutigen Forschungsergebnisse. Eine weit verbreitete Hypothese lautet so, dass die ersten Schwarzen Madonnen in größerer Zahl möglicherweise im Rahmen der Kreuzzüge aus dem Nahen Osten nach Europa (Frankreich) gebracht worden waren. Eine wichtige Rolle soll dabei der Templerorden gespielt haben. Alle diese Schwarzen Madonnen sind vor dem 13. Jahrhundert entstanden.

Alle Schwarzen Madonnen der Romanik besitzen ähnliche Merkmale. Sie sind ca. 70 cm hoch, werden aufrecht sitzend, mit einem aus großen Augen starr in die Ferne gerichteten Blick dargestellt. Ihre Hände bzw. Finger sind oft übermäßig lang. Sie halten ein nach vorne blickendes Kind auf dem Knie. Das Kind vollzieht die Geste des Segnens, oder es hält in einer Hand eine Kugel, bei der es sich um die Weltkugel oder einen Apfel handeln kann. Das Gesicht ist nicht das eines kleinen Kindes, sondern eines erwachsenen Mannes. Die Statuen muten fremdartig an und üben auf viele Betrachter eine große Faszination aus.

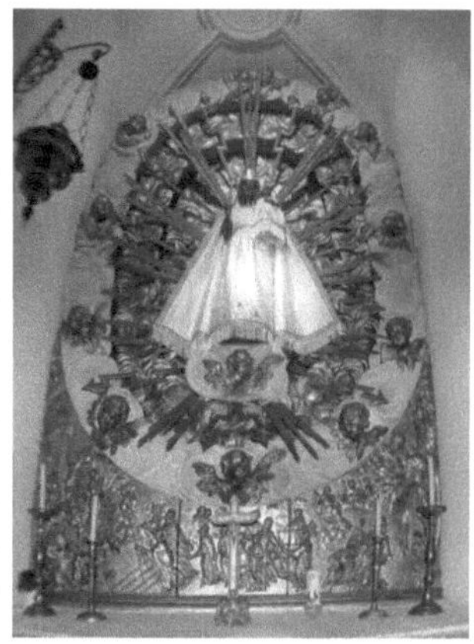

Schwarze Madonna in der Gnadenkapelle der Wallfahrtskirche des Klosters Einsiedeln – spätgotischer „Ersatz“ für ein durch Feuer zerstörtes romanisches Gnadenbild

Barock

Die späteren Schwarzen Madonnen, z. B. diejenigen des Barocks, werden vorwiegend stehend dargestellt, in unterschiedlichen Größen. Von den alten Schwarzen Madonnen wurden viele in den Hugenottenkriegen und während der Französischen Revolution zerstört, so dass heute oft nur noch mehr oder weniger gute Kopien zu sehen sind.

Gegenwart

Die Schwarzen Madonnen sind gehäuft in Frankreich zu finden, mit Schwerpunkten in Zentralfrankreich (v.a. Auvergne) und in der Provence, mit Ausstrahlungen bis zu den Pyrenäen. Die Schwarzen Madonnen Frankreichs sind die bisher am besten erforschten, so dass die wesentliche Grundlagenliteratur in Frankreich auf Französisch publiziert worden ist (siehe Literatur). Bisher noch kaum erforscht sind die Schwarzen Madonnen Italiens.

Das Phänomen der Schwarzen Madonnen ist nach wie vor nicht vollständig erforscht. Dies und die Faszination, die sie auf viele heutige Betrachter ausstrahlen, macht die Schwarzen Madonnen auch zu einem attraktiven Thema für Grenzwissenschaften und Esoterik.

Eine der am weitesten verbreiteten Darstellungen einer Schwarzen Madonna ist die von Loreto. Sie wurde in zahlreichen sogenannten Loretokapellen nachgeahmt.

Siehe auch

- Liste Schwarzer Madonnen

Sonstiges

- In Esquipulas in Guatemala befindet sich eine Skulptur, die einen schwarzen Christus darstellt. Er wird dort "Christo Negro" genannt und als Schutzpatron verehrt. Ein weiterer schwarzer Christus wird in Caceres (Spanien) in der Iglesia-Concatedral de Santa María La Mayor verehrt.
- Im französischen Fischerdorf Les Saintes-Maries-de-la-Mer wird die Figur der schwarzen Sarah verehrt. Sie ist die Schutzpatronin der Sinti und Roma. Nach der Legende sind Maria Magdalena mit Maria des Kleophas, der Mutter der Apostel Jakobus d. J. und Simon Zelotes, sowie Maria Salome, Martha und Lazarus von Juden auf einem segellosen Schiff ausgesetzt, bei Marseille gelandet und haben die Provence missioniert. Der Kult der schwarzen Sarah, die ihre Dienerin gewesen sein soll, wurde von der Kirche offiziell nicht anerkannt.

Literatur

- Thierry Wirth: *Les Vierges noires. Symboles et Réalités.* Série *Spiritualités.* Editions Oxus, Escalquens/Paris, 2009, ISBN 978-2-8489-8119-2
- Malgorzata Oleszkiewicz-Peralba: *The Black Madonna in Latin America and Europe. Tradition and Transformation.* University of New Mexico Press, Albuquerque, New Mexico, 2007, ISBN 978-0-8263-4102-0
- Jean-Pierre Bayard: *Déesses mères et vierges noires.* Editions du Rocher, 2001, ISBN 978-2268040486
- Ean Begg: *Die unheilige Jungfrau. Das Rätsel der Schwarzen Madonna.* Ed. Tramontane, Bad Münstereifel 1989, ISBN 3-925828-10-9
- Roland Bermann: *Réalités et mystères des vierges noires.* 2e éd., 2000, ISBN 978-2844540669
- Jacques Bonvin: *Vierges noires. La réponse vient de la terre.* Dervy, Paris 2000, ISBN 2-84454-057-0
- Daniel Castille: *Le mystère des vierges noires.* JMG, 2000, ISBN 978-2912507358
- Sophie Cassagnes-Brouquet: *Vierges noires.* Editions du Rouergue, 2000, ISBN 2-84156-223-9
- Sigrid Früh (Hrsg.): *Schwarze Madonna im Märchen. Mythen und Märchen von der Schwarzen Frau.* ed. amalia, Bern 1998, ISBN 3-905581-07-8
- Sigrid Früh (Hrsg.): *Die Schwarze Frau. Kraft und Mythos der schwarzen Madonna.* Unionsverlag, Zürich 2003, ISBN 3-293-20265-9
- Jacques Huynen: *L'énigme des vierges noires.* 2e éd. Editions Garnier, Chartres 1994, ISBN 2-908974-01-0
- Ursula Kroell: "Das Geheimnis der Schwarzen Madonnen" (mit Fotos von Roland Kroell), Kreuz-Verlag, Stuttgart 1998, ISBN 3-7831-1660-0
- Raymond W. LeMieux: *The black madonnas of France.* Carlton Press, New York 1991, ISBN 0-8062-4037-7
- Brigitte Romankiewicz: *Die schwarze Madonna. Hintergründe einer Symbolgestalt.* Patmos, Düsseldorf 2004, ISBN 3-491-72483-X
- Emile Saillens: *Nos vierges noires. Leurs origines; Chartres, Le Puy, Marseille..., Ephèse, Calcutta.* Les éditions universelles, Paris 1945
- Carl Sargent: *Schwarze Madonna.* Heyne, München 1996, ISBN 3-453-11880-4
- Margrit Rosa Schmid: *Schwarz bin ich und schön. Das Geheimnis der schwarzen Madonna.* SJW-Heft 2180. Zürich 2002, über 100 Farbabbildungen, ISBN 3-7269-0512-X
- Margrit Rosa Schmid: *Die Wallfahrt zur schwarzen Madonna.* Dokumentarfilm, 30 Minuten. Film- und Videoproduktion Margrit R. Schmid, Zürich 2003
- Franz Siepe: *Fragen der Marienverehrung. Anfänge, Frühmittelalter, Schwarze Madonnen.* Mantis, Gräfelfing 2002, ISBN 3-928852-22-1
- Hans Weber-Lutkow: *Die schwarze Madonna. Geschichten aus Kleinrussland.* Österreichische Verlagsanstalt, Linz 1901

Weblinks

- Schwarze Madonna in Jasna Góra [3]
- Schwarze Madonna in Brünn [4]
- Kapelle Maria-Loretto am Wörthersee [5]
- Projekt von Artfond [6]

Referenzen

[1] http://www.bibleserver.com/go.php?lang=de&bible=EU&ref=Hoheslied1%2C5
[2] Andreas Mielke: *Nigra sum et formosa: Afrikanerinnen in der deutschen Literatur des Mittelalters. Texte und Kommentare zum Bild des Afrikaners in der literarischen Imagologie.* helfant edition, Stuttgart 1992.
[3] http://www.paulinerorden.de/de/madonna01.html
[4] http://www.opatbrno.cz/opat_hist_de.htm#Altbr%FCnner%20Madonna
[5] http://maria-loretto.at/kapelle
[6] http://web.archive.org/web/20070928023159/www.artfond.de/schwarzemadonna.htm

Madonna im Rosenhag

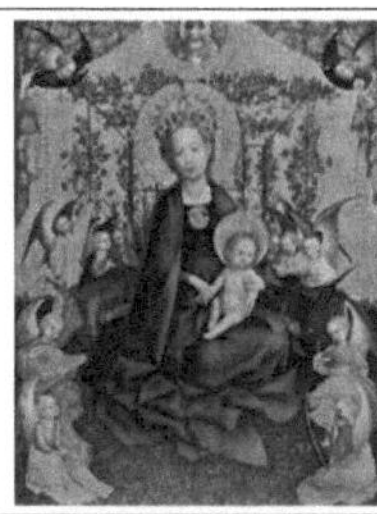

Madonna im Rosenhag
Stefan Lochner, um 1450
Mischtechnik auf Holz, 51 cm × 40 cm
Wallraf-Richartz-Museum & Fondation Corboud

Den Titel **Die Madonna im Rosenhag** tragen zwei der bekanntesten Bilder der deutschen Kunstgeschichte.

Die Lochner-Madonna

Das kleinformatige Bild „Madonna im Rosenhag" ist eines der letzten Bilder von Stefan Lochner.

Zentrale Figur ist die vor einer Rasenbank sitzende, in einen leuchtend blauen Mantel gehüllte Maria. Auf ihrem Schoß befindet sich das Jesuskind, das in der Hand einen Apfel hält - Sinnbild der Überwindung der Erbsünde durch den Kreuzestod Christi. Geflügelte, vielfarbige Engel umrahmen die Figur der Madonna mit dem Kind. Vier im Vordergrund sitzende Engel musizieren. Die Flügel des Engels mit der Laute erinnern an die Federn eines Pfaus. Der Pfau ist unter anderem Symbol der spirituellen Wiedergeburt und somit der Auferstehung Christi. Außerdem wurden seine tausend Augen als Zeichen der Allwissenheit Gottes gedeutet.

Von symbolischer Bedeutung ist auch die Einhornbrosche Marias. Sie verweist auf Maria und Christus, da nach der Legende das scheue Einhorn nur von einer keuschen Jungfrau gefangen werden konnte. Die mit Edelsteinen geschmückte kostbare Krone, deren Glanz durch den punzierten Heiligenschein (Nimbus) nochmals betont wird, ist Zeichen ihrer königlichen Würde. Über dem Rosenhag, der Maria mit dem Kind hinterfängt, raffen zwei Engel einen schweren Brokatvorhang zur Seite: In dem durch den Goldgrund des Bildes symbolisierten Himmel erscheinen in einer Gloriole Gott Vater und die Taube des Heiligen Geistes.

Vor allem die Blumen sind marianische Symbole: Es gibt Maiglöckchen, Veilchen, Gänseblümchen, Akelei und Erdbeeren, die auch die Rasenbank bedecken. Wegen ihrer roten Früchte gemahnt die Erdbeere an die Passion Christi, die dreiteiligen Blätter verweisen dagegen auf die Trinität. Sie ist wegen ihrer Eigenschaft, gleichzeitig zu blühen und zu fruchten auch ein Symbol der Jungfräulichkeit Mariens.

Hinter der Figur Marias befinden sich rechts außerdem Madonnenlilien, die als Symbol der Reinheit, Keuschheit und der unbefleckten Empfängnis zu den bekanntesten Attributen der Jungfrau Maria gehören. Von besonderer Bedeutung sind hier aber die Rosen. Einer alten Legende zufolge hatte die Rose vor dem Sündenfall der Menschen keine Dornen und da Maria von der Erbsünde bewahrt blieb, wurde sie "Rose ohne Dornen" genannt. Infolge dieser Tradition verbreitete sich der Bildtypus der "Rosenmadonna" oder "Madonna im Rosenhag". Für letzteren Typus, in dem Maria umgeben von Engeln und Heiligen in einer Rosenlaube oder vor einem Rosenstrauch sitzt, ist Lochners Bild ein typisches Beispiel.

Die „Madonna im Rosenhag“ entspricht ebenfalls dem Typus der Madonna im Paradiesgarten, wo sie inmitten von Heiligen, Blumen und zahlreichen Mariensymbolen dargestellt wird.

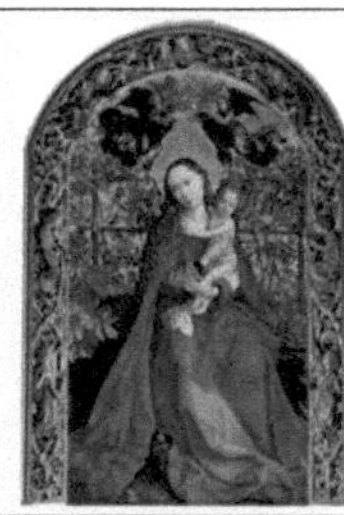

Madonna im Rosenhag

Martin Schongauer, 1473

Mischtechnik auf Holz,
200 cm × 115 cm

Dominikanerkirche Colmar

Die Schongauer-Madonna

Eine weitere bekannte Darstellung des gleichen Themas ist die „Madonna im Rosenhag“ von Martin Schongauer, ein Altarbild, das sich heute in der Dominikanerkirche Colmar befindet. Die ursprünglich rechteckige und außergewöhnlich große Tafel (geschätzte 250 x 165 Zentimeter) wurde zu unbekanntem Datum an allen vier Seiten beschnitten und in die heute bekannte, oben abgerundete Form (200 x 115 Zentimeter) gebracht. Das Isabella Stewart Gardner Museum in Boston besitzt eine alte, kleine Kopie des unbeschnittenen Gemäldes. Die Schongauer-Madonna wurde um 1900 vom Colmarer Bildhauer Théophile Klem (1849–1923) mit einem reich verzierten neugotischen Rahmen und Seitenflügeln mit Heiligendarstellungen von Martin von Feuerstein versehen. 1972 wurde die Madonna im Rosenhag aus dem Martinsmünster gestohlen, 1973 aber zufällig wieder aufgefunden. Seitdem wird das Gemälde an sicherer Statt in der Dominikanerkirche aufbewahrt.

Die unbeschnittene Fassung des Gemäldes stellte die Madonna in einer quadratischen Laube sitzend dar, über ihr den Himmel mit dem segnenden Gottvater, rechts und links von der Laube freier Himmel, in der unteren Partie ein blumenübersähter Garten. In der heutigen Fassung ist der Bildausschnitt auf den inneren Teil der Laube beschränkt, wird die Madonna mit dem Christkind somit unmissverständlich ins Bildzentrum gerückt. Die Ansicht aus unmittelbarer Nähe und die Abwesenheit von freiem Himmel, aus der sich eine dichtgedrängte bis enge Komposition ergibt, steigern den ohnehin monumentalen Charakter der lebensgroßen sitzenden Frauengestalt, entsprechen aber nicht der Atmosphäre des ursprünglich gemalten Tafelbildes.

Die Darstellung der Flora (Blumen und Blätter) und Fauna (Vögel) im Bild zeugt von einer genauen Beobachtung und hervorragenden Wiedergabefähigkeit der Natur und wurde dafür von jeher bewundert. Auch der Faltenwurf des Madonnenkleids sowie der anmutige, weihevoll-ergebene Gesichtsausdruck Marias gehören zu den höchstgeschätzten Aspekten des Bildes.

Literatur

- Roland Krischel: *Stefan Lochner – Die Muttergottes in der Rosenlaube*, E.A. Seemann Verlag, Leipzig 2006, ISBN 3-86502-110-7
- Manfred Wundram:*Stefan Lochner. Madonna im Rosenhag.* Werkmonographien zur bildenden Kunst. Nr. 106. Reclam: 1965.
- Christian Heck: *Die Madonna im Rosenhag.* Colmar 1990.

Maria im Paradiesgarten

Maria im Paradiesgarten (auch **Madonna im Hortus conclusus**, *Muttergottes im Hortus conclusus*) ist ein besonders auf mittelalterlichen Miniaturenmalereien beliebtes Bildthema der Marienikonografie, wobei Maria im Paradiesgarten sitzend dargestellt wird. In der Regel handel es sich um einen umschlossenen Garten, hortus conclusus, der Sinnbild der Befreiung Marias von der Erbsünde ist, auch für ihre Fruchtbarkeit.

Vom Meister von St. Laurenz ist ein diesem Thema gewidmetes Bild erhalten, und das Paradiesgärtlein in Frankfurt.

Siehe auch

- Madonna im Rosenhag

Hortus conclusus

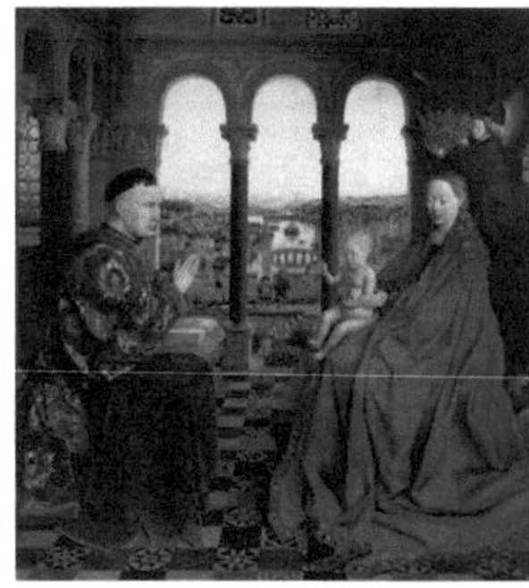

Jan van Eyck, Madonna des Kanzlers Rolin, um 1435, Louvre, Paris

Der **Hortus conclusus** (latein. geschlossener oder verschlossener Garten) ist ein Bildthema oder ein immanentes Bildmotiv der Bildenden Kunst und spielt eine besondere Rolle in der Mariensymbolik.

Das Bildmotiv geht zurück auf eine Interpretation des Hohen Liedes des Alten Testamentes. Dort heißt es:

> *Ein verschlossener Garten ist meine Schwester Braut, ein verschlossener Garten, ein versiegelter Quell* (Hohes Lied, 4,12)

Auch in verschiedenen Visionen von Mystikern wurde diese Beziehung hergestellt. So beispielsweise im Mariale des Abts von Perseigne, in der Maria mit einem verschlossenen Garten verglichen wird. Dort symbolisieren weiße Madonnenlilien ihre Jungfräulichkeit und die dornenlose Rose ihre unerschöpfliche Barmherzigkeit.

In der Mariensymbolik wird diese Textpassage mit Jungfrau Maria gesetzt. So finden sich auf vielen Mariengemälden ein eingefriedeter Garten, mit dem der Hortus conclusus angedeutet ist. In diesem Garten sind regelmäßig Pflanzen dargestellt, die wie die Madonnenlilie und die dornenlose Rose gleichfalls in Bezug zu Maria stehen:

- Gewöhnliche Akelei
- Walderdbeeren
- Veilchen
- Iris
- Maiglöckchen

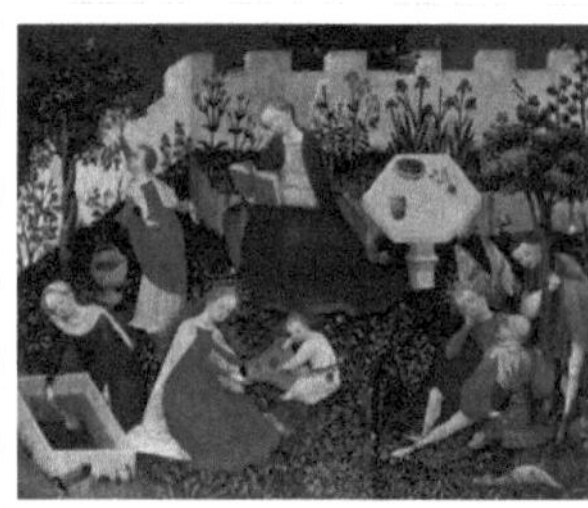

Paradiesgärtlein, um 1410, Städel, Frankfurt a.M.

Eine der bekanntesten Darstellungen des Hortus conclusus ist die "Maria im Paradiesgärtlein", die etwa um 1410 entstand und von einem unbekannten Maler stammt. Sie zeigt Maria in einem von einer Mauer umfriedeten Garten, umgeben von Heiligen und Engeln. Der Hortus conclusus ist häufig nur angedeutet. Bei Jan van Eycks "Madonna des Kanzlers Nicholas Rolin" deutet nur die im Hintergrund befindliche Mauer und das sich davor befindliche Gärtlein mit Rosen, Iris und Lilien auf das Bildmotiv des Hortus conclusus hin. Bei der Stuppacher Madonna des Matthias Grünewald ist es das verschlossene Gartentor, das den Bezug dazu schafft.

Siehe auch

Locus amoenus

Weblinks

- „Hortus conclusus“, das Janusgesicht des Gartens im Mittelalter [1], von Christina Steinmetzer (aus der Ringvorlesung der Uni Salzburg im WS 2001/2002; PDF-Datei; 257 kB)
- Zur Bedeutung der "Hortus conclusus"-Symbolik in der Kulturgeschichte [2]

Referenzen

[1] http://www.sbg.ac.at/ger/samson/samsonarchiv/steinmetzer2001.pdf
[2] http://www.uni-heidelberg.de/magazin/2004/topthema_1104_maissen.html

Anna selbdritt

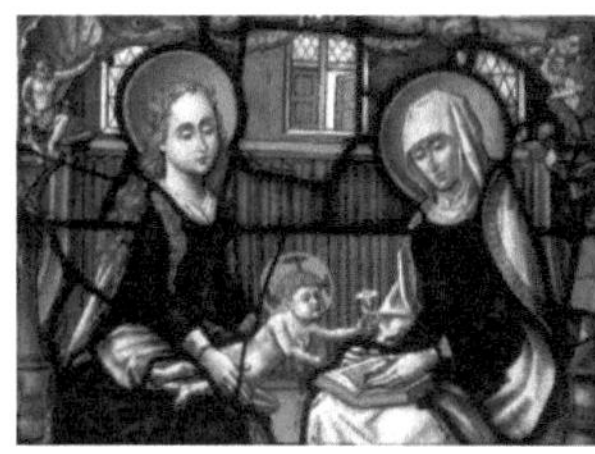

Anna selbdritt, Glasmalerei, Kölner Werkstatt, 1510–1530, Wilhelm-Hack-Museum

Anna selbdritt bezeichnet in der christlichen Kunst eine Darstellung der heiligen Anna mit ihrer Tochter Maria und dem Jesusknaben. Der Bildtyp gehört zu den Andachtsbildern, die sich im späten Mittelalter und besonders häufig und vielgestaltig in Deutschland herausgebildet haben. Andachtsbilder dienten als Anregung und ausdrückliche Aufforderung des Mitleidens und Mitfühlens, die sich bis zu einer *mystischen Identifikation steigern* konnte.[1]

Der Begriff *selbdritt* ist ein veraltetes Wort für *zu dritt*, entsprechend *selbander* für eine Zweiergruppe und *selbviert* für eine um eine weitere Person erweiterte Gruppe.

Ikonographie

Als ältestes bekanntes Bild der Mutter Marias ist die Wandmalerei in der sog. „Drei-Mütter-Nische" in Santa Maria Antiqua (8. Jh.) auf dem Forum in Rom erhalten. Dargestellt sind die Madonna mit dem Jesuskind in einer Mandorla, auf ihrer linken Seiten Elisabeth mit dem Johannesknaben und an ihrer Rechten Anna mit ihrer Tochter Maria. Ab der Mitte des 13. Jahrhunderts lassen sich vermehrt Beispiele bildlicher Anna-selbdritt-Darstellungen finden wie beispielsweise in der Nikolaikirche von Stralsund. Im 15. und 16. Jahrhundert hat die Darstellung der Heiligen *Anna selbdritt* ihre Blütezeit. Ein besonders berühmtes Gemälde ist eine Darstellung Leonardo da Vincis, die zwischen 1500 und 1510 während seines Aufenthaltes in Florenz entstanden ist.

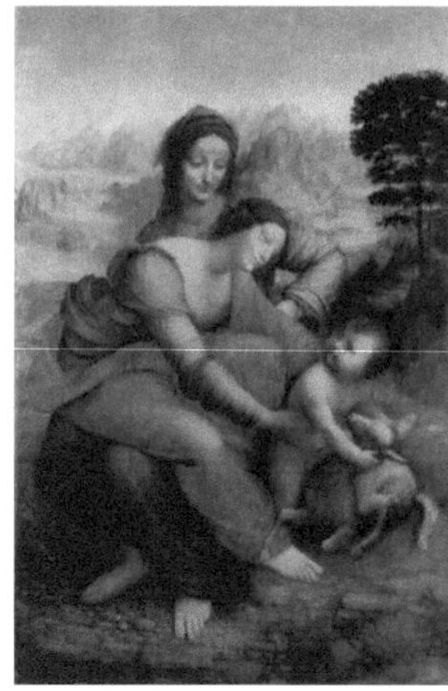

Leonardo da Vinci: Anna selbdritt, 1510

Beginnend mit Sigmund Freud, war die *Anna selbdritt* von Leonardo da Vinci wiederholt der Ausgangspunkt psychologischer Betrachtungen.

Insgesamt sind sehr viele Skulpturen, Gemälde und Altarbilder der Heiligen Anna selbdritt von vielen, mehr oder weniger bekannten Künstlern in den Kirchen ganz Europas erhalten, die heute auch zum Teil mit großem Aufwand restauriert werden. Das Motiv ist ebenfalls auf diversen Münzen und Siegeln zu finden, die Stadt Annaberg-Buchholz im Erzgebirge trägt eine Anna selbdritt im Wappen.

Annenkult

Entstanden ist der Bildtyp einer Anna selbdritt aus dem Annenkult des Mittelalters.

Da es aber keine biblischen Quellen gibt über die Existenz der Eltern Marias, Mutter Anna und Vater Joachim, zu denen später noch die Mutter Annas mit Namen Emerantia kam, bezogen sich die Künstler bei vielen Themen des Marienlebens, zu denen auch Anna selbdritt gehört, auf apokryphe Evangelien und auf die populäre Legenda aurea des Jacobus de Voragine.

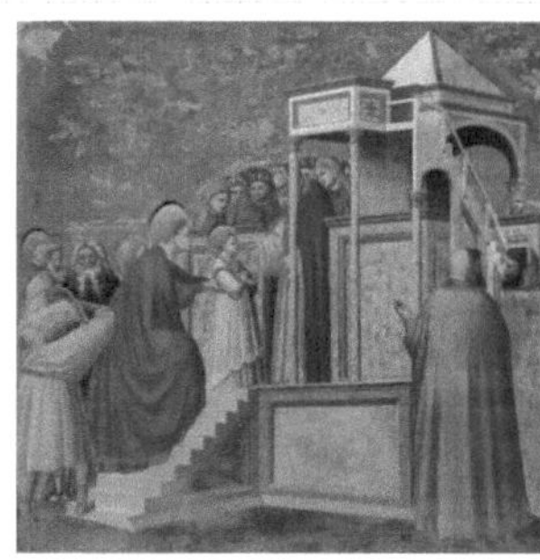

Giotto Opferung Marias im Tempel; mit Nimbus Anna und Joachim; Scrovegni-Kapelle, Padua

Im apokryphen Protevangelium des Jakobus wird über einen betagten Tempelpriester mit Namen Joachim berichtet, der nach langer Ehe mit seiner Frau Anna immer noch kinderlos war, und dessen Opfer im Tempel von seinem vorgesetzten Priester aus diesem Grund abgelehnt worden war. Daraufhin erschien sowohl Joachim als auch Anna ein Engel, der ihnen die Geburt einer Tochter, Maria, weissagte. Die Opferung Marias im Tempel durch ihre Eltern wurde ebenfalls zu einem beliebten Thema in der abendländischen Kunst.

Aufschwung erhielt der Annenkult in der Folge der Einführung des Anna-Tages in den römischen Heiligenkalender durch Papst Sixtus IV. und die Einführung des Anna-Festes durch Papst Gregor XIII..

Viele der zahlreichen Bruderschaften vor allem in Deutschland wählten Anna zur Schutzpatronin und stifteten Kapellen und Altäre, auf denen häufig Statuen der Anna selbdritt aufgestellt wurden. Indiz für den in Europa verbreiteten Annekult ist die große Anzahl der Anna-Patrozinien in West, Mittel-und Osteuropa. Die große Rolle die dort die Annealtäre in der Volksfrömmigkeit spielten, spiegeln sich in der Vielzahl der dort angebrachten Ex voto

-Tafeln und Bilder.

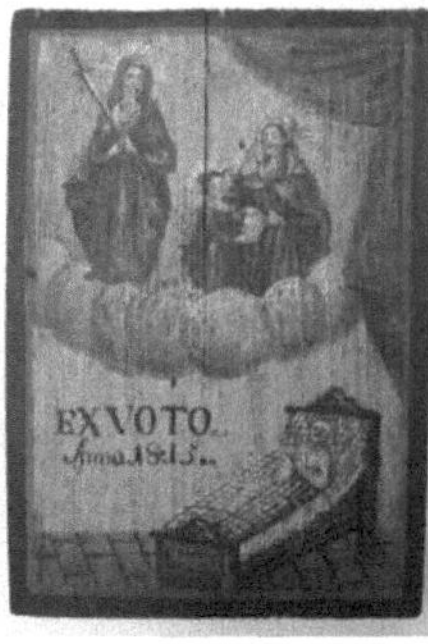

Ex voto aus der Annekapelle in Staig, Baden-Württemberg

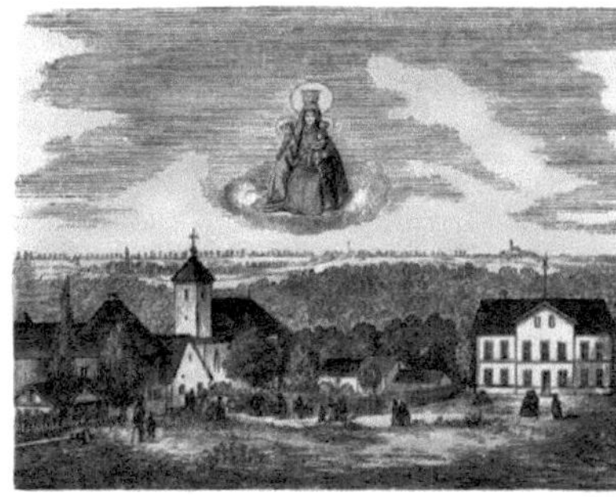

Erinnerungsblatt an die Wallfahrt zur Hl. Anna in Harlaching bei München

Literatur

- Marlies Buchholz: *Anna selbdritt. Bilder einer wirkungsmächtigen Heiligen*, Königstein i. Ts. 2005, ISBN 3-7845-2113-4 [2].
- J. H. Emminghaus: Anna Selbdritt. In: *Lexikon der christlichen Ikonographie* (LCI). Bd. 5. Sp. 185-190.
- Sigmund Freud: *Eine Kindheitserinnerung des Leonardo da Vinci.* [1910]. Frankfurt 1982. ISBN 978-3518015148
- Meyer Schapiro: *Leonardo and Freud: An Art-Historical Study*. In: *Journal of the History of Ideas.* Bd 17. 1056. S. 147-178.

Weblinks

- Annenaltäre und -stiftungen in Brandenburg. [3]

Referenzen

[1] Adolf Reinle: Das stellvertretende Bildnis. Plastiken und Gemälde von der Antike bis ins 19. Jahrhundert. Zürich, München 1984.

[2] http://www.langewiesche-verlag.de

[3] http://www2.rz.hu-berlin.de/sachkultur/Anna/stiftung.htm

Englischer Gruß

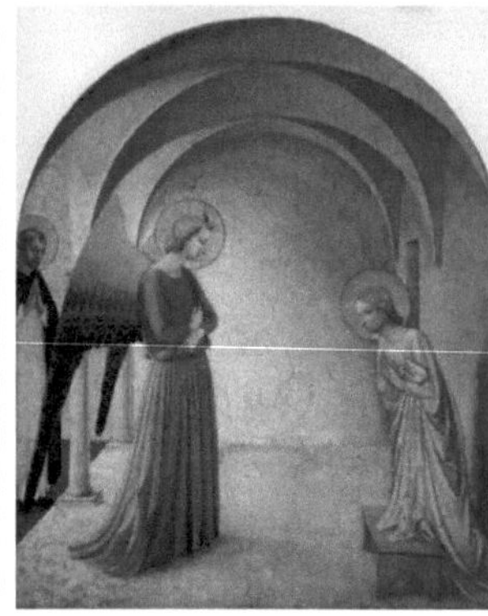

Die Verkündigung. Fresko Fra Angelicos in einer Zelle des Klosters von San Marco, Florenz

Der **Englische Gruß** ist seit dem Mittelalter die Bezeichnung für die Grußworte des Erzengels Gabriel, als er der Jungfrau Maria verkündigte, dass sie den Messias (Jesus Christus) gebären werde. Die Bezeichnung des Grußes als „englisch" ist von „Engel" abgeleitet; mit der englischen Sprache hat der Ausdruck nichts zu tun.

Die entsprechenden Verse stehen im Neuen Testament bei Lukas 1,28 [1] („Gegrüßt seist du, Maria…"). Auf Lateinisch beginnen die Grußworte mit „Ave Maria, gratia plena, dominus tecum". Sie wurden zusammen mit den Grußworten Elisabeths zum Gebet des Ave Maria. Das Angelusgebet, das in der katholischen Kirche morgens, mittags und abends gebetet wird, betrachtet die Menschwerdung Gottes.

Darstellung in der Kunst

Die Szene mit Maria und dem Engel wurde vielfach in Bildern und Plastiken dargestellt. Die Szene stellt üblicherweise Maria und den Engel im Innenraum eines Hauses dar, wohl als Symbol für Marias Innerlichkeit, Keuschheit und Jungfräulichkeit (vergleiche hortus conclusus). Zuweilen hält der Engel Maria eine weiße Lilie, das katholische Symbol der jungfräulichen Keuschheit hin, während die Gesten des Mädchens Überraschung und Berührtsein ausdrücken. Manchmal wird Maria auch in einem Buch blätternd dargestellt, womit auch die Verbindung der Geburt des Messias mit den Zusagen im Alten Testament unterstrichen wird.

In vielen Darstellungen erscheint auch der Heilige Geist in Gestalt einer Taube, um auf die jungfräuliche Empfängnis hinzuweisen. In anderen Bildern wird die Empfängnis durch einen Maria treffenden Lichtstrahl dargestellt.

Referenzen

[1] http://www.bibleserver.com/go.php?lang=de&bible=EU&ref=Lk1%2C28

Pietà

Die **Pietà** (italienisch: ‚Frömmigkeit, Mitleid', dt. auch *Vesperbild*, nichtfachsprachlich auch *Pieta*) ist in der bildenden Kunst die Darstellung Marias als Mater Dolorosa mit dem Leichnam des vom Kreuz abgenommenen Jesus Christus. Das Motiv ist in der Bildhauerkunst seit dem frühen 14. Jahrhundert gebräuchlich und wird von der älteren Forschung in Verbindung mit der Entstehung des Andachtsbildes gebracht. Der frömmigkeitsgeschichtliche Ursprung ist in der verstärkten Hinwendung zum erlösenden Leiden Christi am Kreuz und der compassio bzw. corredemptio seiner Mutter zu sehen. Der formale Ursprung der Vesperbilder in mehrfigurigen Beweinungsdarstellungen wird immer wieder behauptet, ist aber nicht bewiesen. Die Pietà zählt zu den erfolgreichsten Bildfindungen des Mittelalters.

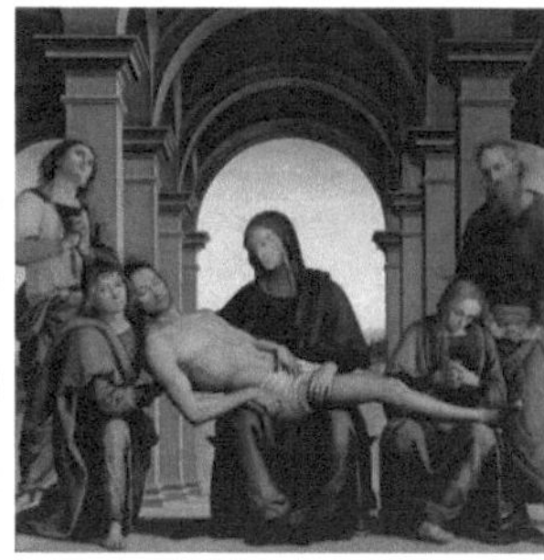
Pietà von Pietro Perugino

Vesperbilder sind in den meisten katholischen Kirchen zu finden. In der Liturgie entspricht die Szene der vorletzten Station der Kreuzwegandacht; sie ist ein Hauptinhalt des Gedächtnisses der Schmerzen Mariens. Die Bezeichnung Vesperbild beruht auf der Vorstellung, dass Maria ihr toter Sohn am Karfreitag ungefähr zur Zeit des Abendgebets (Vesper) in den Schoß gelegt wurde.

Beispiele

Die frühesten erhaltenen Exemplare werden in die ersten Jahrzehnte des 14. Jahrhunderts datiert. Sie stammen aus dem Raum zwischen Naumburg (Naumburger Dom, um 1330), Erfurt (Ursulinenkloster, um 1340) und Coburg (Museum auf der Veste Coburg, um 1320) und aus dem Bodenseegebiet (Radolfzell, heute Augustinermuseum Freiburg, um 1330). Die Datierung der sogenannten Pietà Roettgen (Rheinisches Landesmuseum Bonn), die möglicherweise ebenfalls zu den frühesten Vesperbildern zählt, ist immer noch umstritten. Möglicherweise stand ein noch etwas älteres Vesperbild in der Karmeliterkirche zu Köln (nach Gelenius in einem Ablass zu 1298 erwähnt). Zu den bekanntesten Bildwerken dieses Sujets zählen die Pietà Michelangelo Buonarottis im Petersdom (*Cappella della Pietà*) im Vatikan aus Marmor, die (unvollendete) *Pietà Rondandini* in Mailand und die Florentiner Pietà Palestrina. Die Pietà bildet auch einen Schwerpunkt im Werk von Giovanni Bellini. Drei Pietà aus Leder befinden sich in der Hauptpfarrkirche St. Peter und Paul im rheinischen Eschweiler und in der Wallfahrtskirche im hessischen Dieburg.

Eine Kopie der Pietà von Michelangelo befindet sich in der Sankt-Hedwigs-Kathedrale in Berlin.

Eine einzigartige Pietà befindet sich in der Heilig-Kreuz-Kapelle beim Wallfahrtskloster Blieskastel „Unsere liebe Frau mit den Pfeilen". In diesem Vesperbild aus dem 14. Jahrhundert stecken fünf eiserne, mittelalterliche Pfeilspitzen. Nach der legendären Überlieferung wurden die Pfeile von Frevlern hineingeschossen.

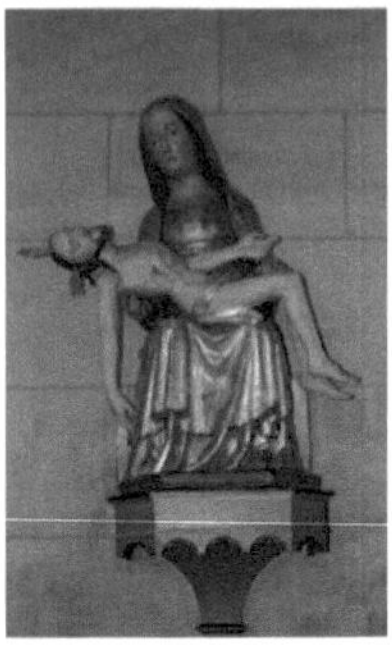

Pieta in der Kirche St. Georg, Dinkelsbühl

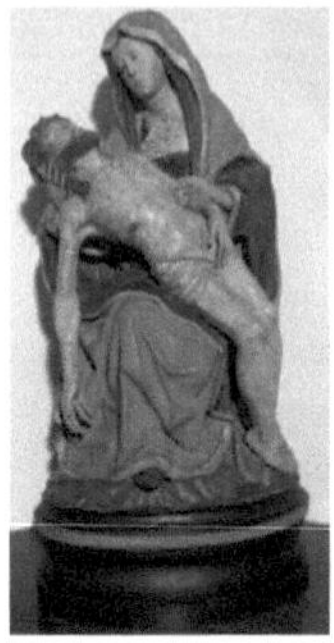

Pietà in der Jakobuskirche in Meckenheim-Ersdorf

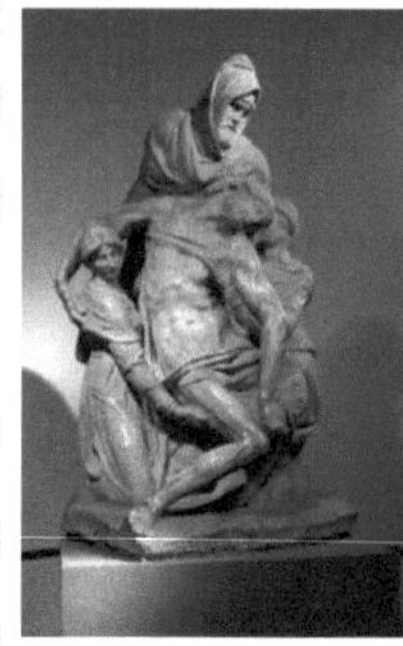

Michelangelo: Pietà Palestrina in Florenz

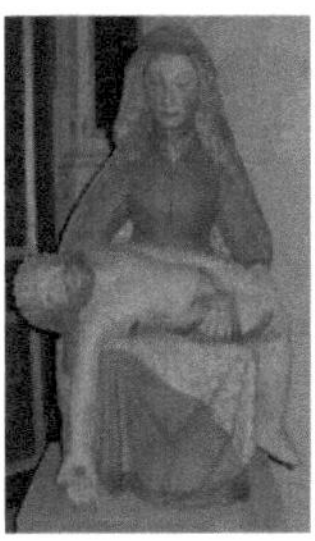

Pieta in der Kirche von Saint-Monna

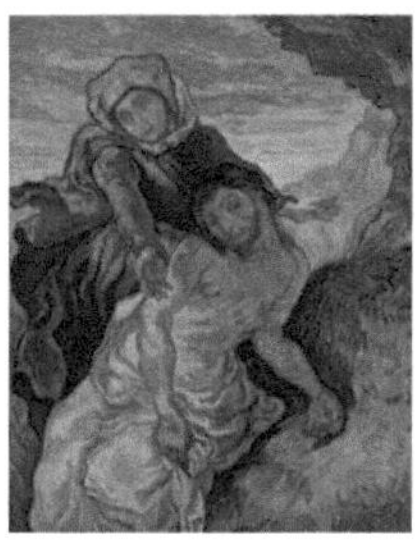

Vincent van Gogh: Pietà nach Eugène Delacroix

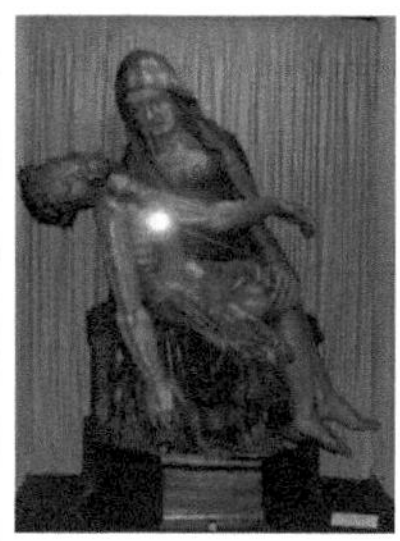

Eschweiler Lederpietà

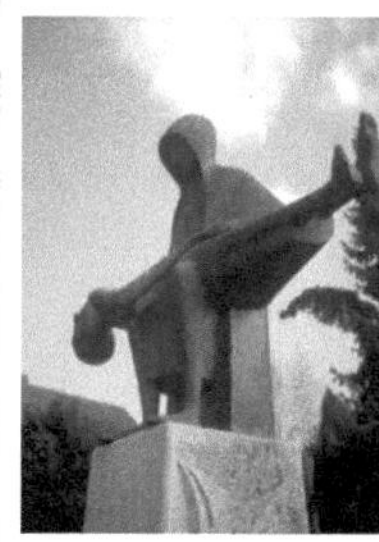

Pietà von Hanns Joachim Klug, Kriegsopferdenkmal in Algermissen

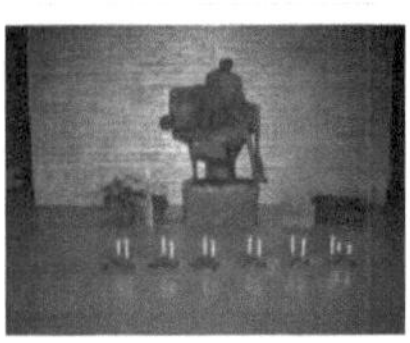

Pietà in der Gedenkkirche Maria Regina Martyrum Berlin

Literatur

- Thomas Strauch: *Der Mythos um das Vesperbild von Blieskastel*, im Jahrbuch zum Bergmannskalender 2008, Seite 177 bis 182. Herausgegeben von der Deutschen Steinkohle AG.

Weblinks

- http://www.museum-am-dom.de/hinblick/hinblick02.htm
- http://kirchenundkapellen.de/kirchenko/Maria-pieta.htm
- uni-koeln.de - Pietà-Liste [1]
- Eschweiler Kalbslederpietà [2]

Referenzen

[1] http://www.uni-koeln.de/ew-fak/Bildtheologie/diathek/PJ%20XIII%20(Pieta)_1.html
[2] http://www.eschweiler.de/914_1234.html

Goldene Madonna

Die **Goldene Madonna** ist eine Marienfigur des Essener Domschatzes. Sie ist die älteste erhaltene vollplastische Marienfigur der abendländischen Kunst.[1] Neben dem Kölner Gerokreuz ist sie eines der wenigen erhaltenen ottonischen Großkunstwerke. Heute ist die Marienfigur noch immer ein hochverehrtes Kultbild und eine Identifikationsfigur des Ruhrgebietes mit seiner Geschichte.

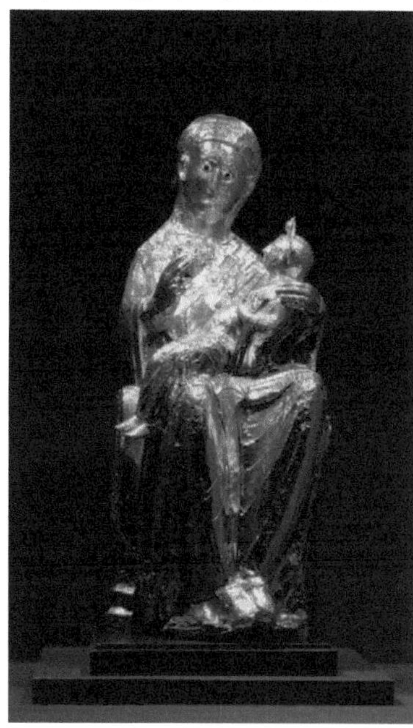
Die Goldene Madonna

Der Name *Goldene Madonna* ist erst im 19. Jahrhundert aufgekommen. In den alten Manuskripten wie dem Essener *Liber Ordinarius*, einer um 1370 entstandenen Handschrift mit liturgischen Anweisungen für das Essener Damenstift, wurde sie als *dat gulden bild onser vrouwen* oder *ymago aurea beatae Mariae Virgine* bezeichnet. Das Schatzverzeichnis des Stiftes Essen von 1626 nennt *Noch ein gross Marienbelt, sitzend uff einen sthuell mit lauteren golt uberzogen.* Die Benutzung des Begriffs „Madonna" illustriert das Staunen der Romantik vor der Schöpfung des Mittelalters, die in dem Schatzverzeichnis des Stiftes erst unter Nr.32 aufgeführt wurde.

Die Statue

Entstehungszeit und Entstehungsort

Datiert wird das goldene Bild in die Zeit um 980. Damit entstand die Madonna in der Regierungszeit der Essener Äbtissin Mathilde II. (971–1011), die eine Enkelin Kaiser Ottos des Großen war. Unter Mathilde und ihren

Nachfolgerinnen Sophia (1012–1039) und Theophanu (1039–1058), die alle dem ottonischen Königshaus angehörten, erlebte das der Heiligen Dreifaltigkeit, der Jungfrau Maria und den Heiligen Cosmas und Damian geweihte Stift Essen eine Blütezeit, aus der die wertvollsten Kunstwerke des Essener Domschatzes stammen. Entstehungsort und Künstler der Goldenen Madonna sind unbekannt; die Essener örtliche Überlieferung gibt Köln oder Hildesheim als mögliche Entstehungsorte an, wo eine wenig später entstandene Madonnenfigur erhalten ist. Dabei ist Köln wahrscheinlicher. Hierfür sprechen stilistische Ähnlichkeiten der Ausführung des Faltenwurfes beim Gewand der Madonna mit dem Schurz des Corpus des auf 982 datierten Otto-Mathilden-Kreuzes, das sich ebenfalls im Essener Domschatz befindet. Dieser Corpus ist vom Typus des Kölner Gerokreuzes, so dass das Otto-Mathilden-Kreuz und damit indirekt die Madonna einer Kölner Goldschmiedewerkstatt zugeschrieben wurde. Aufgrund der zweifelsfreien Herkunft der Emails des Otto-Mathilden-Kreuzes aus der Trierer Egbert-Werkstatt wird die Kölner Herkunft des Kreuzes allerdings in Zweifel gezogen. Auch der Nimbus des Kindes und der bereits im 11. Jahrhundert entfernte Nimbus der Madonna selbst waren reich mit Goldemails besetzt, die teilweise an anderen Stücken des Essener Domschatzes als Spolien verwendet wurden. Diesen Emailtäfelchen fehlen zwar einige Charakteristika der Trierer Egbert-Werkstatt, eine zweite Emailwerkstatt im Reich ist jedoch nicht nachweisbar und aufgrund der schwer beherrschbaren Technik bei der Emailherstellung auch eher unwahrscheinlich. Der Kreis der möglichen Herstellungsorte der Madonna ist um Trier als wahrscheinlichen Herstellungsort der Emails und Essen, wo Äbtissin Mathilde als mutmaßliche Auftraggeberin die Kontrolle über die Herstellung hätte wahrnehmen können, erweitert worden.

Beschreibung der Skulptur

Maria ist auf einem Schemel sitzend dargestellt, mit einem leicht übergroßen Christus, der rechtwinklig zu ihr auf ihrem Schoß sitzt. Sie ist bekleidet mit einer enganliegenden, langärmeligen Tunika und einem Mantel in Form einer „Palla". Auf ihrem Kopf trägt sie einen Schleier, dessen Enden vom Mantel bedeckt sind. Ihre rechte Hand hält mit Daumen und zwei Fingern eine Kugel empor. Das Kind, das sie mit der linken Hand stützt, trägt priesterliche Gewandung und einen Kreuznimbus, der bereits im Mittelalter mit einer vergoldeten Silberplatte hinterlegt wurde. Mit der linken Hand presst es ein Buch auf die Brust.

Die Statue der Goldenen Madonna ist 74 cm hoch, der Sockel 27 cm breit. Der Kern der Statue ist aus einem einzigen, noch feuchten Stück Holz geschnitzt, bei dem es sich nach den Erkenntnissen der jüngsten Restauratoren um Pappelholz handelt. Der Kunsthistoriker Georg Humann, der die Statue 1904 ausführlich beschrieb, hatte für den Holzkern Birnbaum- oder Pflaumenholz angenommen; der Goldschmied Classen, der sie 1950 restaurierte, beschrieb ihn noch als Lindenholz. Unter dem Sitz der Madonna befindet sich eine mit einem Holzgitter verschlossene, leere Aushöhlung, die möglicherweise zeitweise Reliquien barg. Der goldene Glanz der Figur kommt von den ausgewalzten Goldblechen, mit denen der Holzkern beschlagen ist. Die einzelnen Goldplatten sind lediglich einen Viertelmillimeter dünn. An ihren Kanten sind sie mit dünnen Goldstiften und Nägeln am Kern befestigt. Die Größe der Platten variiert, da der Künstler sie in Größe und Form an die Figur anpasste, so sind die Gesichter Marias und des Kindes jeweils aus einer einzigen Platte getrieben. Die farbigen Augen der Madonna und des Kindes sind im Zellschmelzverfahren entstanden, wobei die Augen der Madonna in beim Schnitzen des Holzkerns vorbereitete Höhlen eingesetzt und die des Kindes auf den Holzkern aufgelegt sind. Die rechte Hand des Kindes ist nachträglich im vierzehnten Jahrhundert aus Silberguss ergänzt, die ursprüngliche rechte Hand ist verloren. An der Kugel, die die Madonna in der rechten Hand hält, dem hinteren rechten Bein des Schemels, an dem vom Kind gehaltenen Buch und am Nimbus des Kindes sind Reste des originalen Schmucks des zehnten Jahrhunderts erhalten, der aus Filigran, Edelsteinen und Emaille bestand. Die Adleragraffe des Gewandes ist eine nachträgliche Zutat des frühen dreizehnten Jahrhunderts. Der Fürspan darunter mit einer sitzenden Muttergottes weist gotische Formen auf, er wird auf das vierzehnte Jahrhundert datiert.

Restaurierungsgeschichte und Zustand

1905 wurde die Statue erstmalig restauriert, da sie von Holzparasiten befallen war. Die Figur war von Fressgängen vollständig durchzogen und drohte zusammenzufallen, da die Metallverkleidung ohne den Holzkern nicht standfähig ist. Um sie zu konservieren, wurde die Figur vorsichtig in einen Gipsmantel eingehüllt, danach wurde die Figur mit Druckluft ausgeblasen. Durch die von den Schädlingen gebohrten Gänge wurde anschließend Imprägnierungsmittel geleitet. Nach deren Trocknung wurde ein Gemisch aus Leim, Kreide und Wasser eingesetzt, um die von Holzwurm und Holzbock gebohrten Gänge zu verfüllen. Bei der gesamten Prozedur wurde die Figur mehrfach gedreht und gewendet, um möglichst alle Hohlräume zu füllen. Zuletzt wurden die für die Einleitung der Masse gebohrten Kanäle mit Keilen aus Eichenholz verschlossen und die vorher abgenommenen Goldplatten wieder befestigt. Die Kosten der damaligen Renovierung betrugen 3.200 Goldmark, an denen sich der Staat Preußen beteiligte.

Durch Transporte während und nach dem Zweiten Weltkrieg hatte die Madonna gelitten; viele Goldbleche waren lose, auch wurde erneuter Schädlingsbefall festgestellt. 1950 wurde daher durch den Essener Goldschmied Classen eine zweite Restaurierung vorgenommen. Dieser leitete zunächst schädlingsvernichtendes Gas durch die Figur. Anschließend füllte er die Schädlingsgänge mit „flüssigem Holz", einer damals für Holzrestaurierung üblichen Plastikmasse. Bei dieser Restauration wurde unter den Füßen des Thrones eine rechteckige Holzplatte angebracht.

Die beiden Restaurierungen waren zwar auf dem damaligen Stand der Technik, allerdings nicht optimal. Man wusste weder, wie sich die Füllmasse von 1905 oder das „flüssige Holz" genau zusammensetzten, noch, ob diese Mittel miteinander reagierten. Auch war unbekannt, ob noch Hohlräume in der Figur verblieben waren. Deshalb erfolgte 2004 die dritte Restaurierung, für deren Durchführung eigens eine Restaurierungswerkstatt in der Domschatzkammer eingerichtet wurde, um die fragile Figur keiner längeren Transportstrecke aussetzen zu müssen.

Zunächst wurde eine gründliche Untersuchung vorgenommen, bei der der Zustand umfassend wie nie zuvor dokumentiert wurde. Unter anderem wurden Röntgenuntersuchungen des Sockels vorgenommen, der Hohlraum unter dem Thronsitz der Madonna mittels Endoskopie untersucht, Proben des Holzes untersucht, die Reste der vorgefundenen Schädlinge bestimmt und der Belag aus Schmutz und Kerzenruß, der sich auf der Oberfläche der Figur gebildet hatte, wie auch Proben aus dem Inneren chemisch analysiert. Bei den Untersuchungen wurden keine lebenden Schädlinge festgestellt, jedoch insbesondere der Thron wies viele hohle Stellen auf. Die Goldblechverkleidung ist zu über 95 Prozent noch mittelalterlich, wobei am Thron der Beschlag vermutlich im 11. Jahrhundert durch minderwertigeres Material ersetzt wurde. Alle Befestigungsnägel sind neuzeitlich und entstammten den Restaurierungen 1904 und 1950 sowie Reparaturen. Empfohlen wurde, die Figur möglichst nicht mehr zu bewegen und sie in konstantem Klima und erschütterungsfrei aufzubewahren.

Im Anschluss an die Untersuchungen wurde das Holz an Thron und Sessel durch die Kölner Holzrestauratorinnen Ria Röthinger und Michaela von Welck gefestigt. Der Silberschmied Peter Bolg befreite die Kupfer- und Goldbleche von dem Belag und polierte die im 14. Jahrhundert aus Silber ergänzte rechte Hand des Kindes, die über die Jahrhunderte schwarz sulfidiert war, wieder auf Glanz. Die Konservierung der Figur, die von einer Kommission von Kunsthistorikern, Denkmalpflegern und Restauratoren unter Leitung der Leiterin der Domschatzkammer Dr. Birgitta Falk begleitet wurde, dauerte 10 Monate und wurde durch Spenden der Essener Bevölkerung, Essener Firmen, den Münsterbauverein sowie öffentliche Mittel gefördert. Im Dezember 2004 konnte die Goldene Madonna an ihren Platz im Essener Dom zurückgebracht werden, eine Nachuntersuchung zur Restaurierung erfolgte am 10. und 11. Juli 2006. Der ausführliche Restaurierungsbericht ist bisher noch nicht publiziert worden.

Geschichte

Erwähnungen im Mittelalter

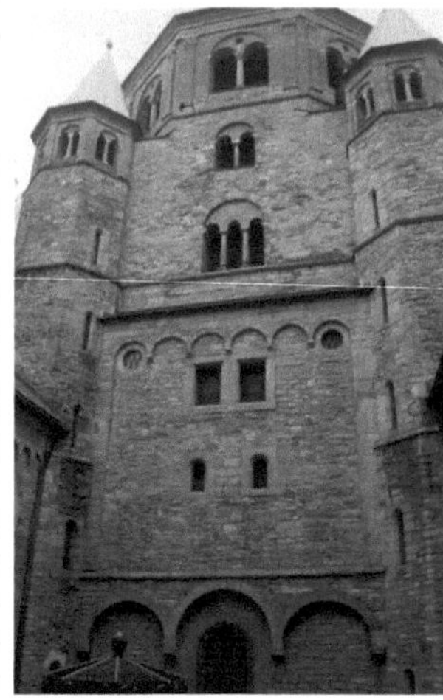

Westwerk des Essener Münsters, Aufbewahrungsort der Goldenen Madonna

Wer die Goldene Figur dem Essener Stift übereignete, ist nicht bekannt, da die Figur keinen diesbezüglichen Vermerk trägt und auch keine Urkunde über eine Stiftung erhalten ist. Aufgrund dessen, dass Äbtissin Theophanu Emails vom Nimbus der Madonna am Theophanu-Kreuz und dem Kreuznagelreliquiar als Spolien verwendete, war die Figur mit Sicherheit bereits im 11. Jahrhundert in Essen. Seitdem hat die Figur die Stadt nur in Kriegs- und Krisenzeiten verlassen, wobei die Quellenlage, wie eigentlich die gesamte Forschung, zu diesem bedeutenden Kunstwerk eher dünn ist. Die bei der ersten Erwähnung der Figur im *Liber Ordinarius* (um 1370) geschilderten Prozessionen sind zu dem Zeitpunkt bereits eine alljährlich gepflegte Tradition mit präzise festgelegter Liturgie. Offenbar hatte weder der Streit zwischen dem Bistum Köln und den Herren von Isenberg über die Vogtei über das Stift Essen, die 1225 in der Ermordung des Kölner Erzbischofs Engelbert von Berg durch Friedrich von Isenberg ihren Höhepunkt fand, noch der Jahrhunderte dauernde Streit zwischen Stift und Stadt Essen, ob die Stadt dem Stift untertänig oder freie Reichsstadt sei, Einfluss auf Besitz und Verbleib der Madonna. Auf dem Essener Stadtsiegel von 1244 ist die Madonna zwischen den Heiligen Cosmas und Damian abgebildet. Aufgrund der schwachen Quellenlage ist nicht einmal gesichert, wo das Stift Essen die Goldene Madonna aufbewahrte. Da zu den Lichtmessprozessionen der Kanoniker die Figur aus der Hand der Schatzmeisterin erhielt, wird angenommen, dass die Figur nur für Prozessionen verwendet und die übrige Zeit an anderer Stelle verwahrt wurde. Als Aufbewahrungsorte werden das festungsartige Westwerk der Stiftskirche oder ein Anbau neben dem rechten Seitenschiff, das *armarium dictum sychter*, an der Stelle der heutigen Schatzkammer diskutiert. Beide Orte waren nach den baulichen Befunden mittelalterliche Schatzkammern.

Evakuierungen in der Neuzeit

Erst der Dreißigjährige Krieg erforderte eine erste Evakuierung der Madonna aus der Stadt. 1622 flüchtete man den Domschatz nach Düsseldorf, brachte ihn aber wohl bald zurück. 1634 brachte die Essener Äbtissin Maria Clara von Spaur sich und den Domschatz nach Köln in Sicherheit, wo sie bis zum Ende des Dreißigjährigen Krieges blieben. Die Madonna und der verlorene Marsus-Schrein des Domschatzes wurden während dieser Zeit bei den Kölner Prozessionen mitgeführt. Dabei überstrahlten sie, wie zeitgenössische Berichte feststellten, die Kölner Schätze mit ihrer Pracht. Das genaue Jahr der Rückkehr der Schätze aus Köln ist nicht verzeichnet.

1794, als die Franzosen auf Essen vorrückten, wurde die Madonna erneut in Sicherheit gebracht, diesmal nach Steele in das von der Fürstäbtissin Christine gestiftete Waisenhaus. Mit der Säkularisation 1803 blieb die Madonna in Essen. Statt des aufgelösten Frauenstiftes wurde nun die katholische Pfarrgemeinde St. Johannes, die die Stiftskirche als Pfarrkirche nutzte, Eigentümerin der Madonna. Im folgenden Jahrhundert blieb die Madonna in der Schatzkammer, nur gelegentlich von Kunsthistorikern besucht. 1905 erfolgte, nachdem Humann 1904 Schäden festgestellt hatte, eine erste Restaurierung, ohne die die Figur die zahlreichen Reisen des Jahrhunderts vermutlich nicht überstanden hätte.

Ereignisse im 20. Jahrhundert

Während des Ersten Weltkrieges blieb die Figur in Essen, die Furcht vor einer drohenden kommunistischen Revolution bewog die Leitung der St.-Johannes-Gemeinde im Sommer 1920 jedoch, den Domschatz einschließlich der Madonna in Sicherheit zu bringen. Dabei wollte man aus Sicherheitsgründen selbst das Versteck nicht kennen. Ein Aachener Goldschmied und Restaurateur beschaffte als Mittelsmann ein Versteck in einem anderen deutschen Bistum, dessen Bischof zwar von der Versteckaktion, nicht aber über das Versteck selbst informiert wurde, das außer dem Mittelsmann und dem Hüter des Verstecks niemand kannte. Eine Urkunde, die das Versteck für den Fall nannte, dass die Verstecker den Tod fanden, wurde zur Absicherung in einem niederländischen Bistum hinterlegt. Die Geheimhaltung funktionierte so gut, dass bis heute nicht genau bekannt ist, wo exakt das Versteck war, in das die Vertrauensperson den in schäbige Koffer und Pappkartons verpackten Domschatz brachte, da die in den Niederlanden hinterlegte Urkunde nach Rückkehr des Domschatzes vernichtet wurde. Bekannt ist lediglich, dass sich das Versteck im Erzbistum Hildesheim befand. Ähnlich konspirativ wie die Verbringung wurde die Rückkehr der Madonna und des Domschatzes organisiert. Als der Kirchengemeinde Ende 1924 die Situation sicher genug erschien, fuhr die Vertrauensperson mit ihrem Sohn im Sommer 1925 nach Hildesheim, nahm den Schatz in Empfang und fuhr mit den in unscheinbare Verpackungen gehüllten Schätzen mit der Reichsbahn als Reisende 4. Klasse, also als Reisende mit Traglasten, nach Essen zurück.

Im Zweiten Weltkrieg wurde die Goldene Madonna mit dem Rest des Domschatzes zunächst nach Warstein und dann auf die Albrechtsburg in Meißen evakuiert. Von dort wurde sie in einen Luftschutzbunker nach Siegen gebracht, in dem auch der Kölner Domschatz mit dem Gerokreuz, der Siegburger Kirchenschatz mit dem Annoschrein, der Xantener Domschatz und die Kirchenschätze aus Elten und Vreden versteckt waren. Dort wurde sie bei Kriegsende von amerikanischen Truppen gefunden, die sie in das Landesmuseum nach Marburg brachten. Von dort gelangte sie nach in das Kunstdepot Schloss Dyck bei Rheydt, aus dem mehrere Ausstellungen wie 1947 in der Kölner Universität, aber auch im benachbarten Ausland bestückt wurden. Von April bis Juni 1949 war die Madonna das Glanzstück einer Ausstellung in Brüssel, die danach bis Oktober noch in Amsterdam gezeigt wurde. Danach kehrte die Skulptur nach Essen zurück, zunächst, bis die kriegszerstörte Schatzkammer der Stiftskirche wieder aufgebaut war, in einen Tresor der Stadtsparkasse. Seitdem hat sie die Stadt nicht mehr verlassen.

Kunstgeschichtliche Einordnung und Ikonographie

Vermutete Einflüsse

Die Goldene Madonna ist die älteste vollplastische Skulptur nördlich der Alpen und die älteste erhaltene Marienfigur. Zudem ist sie durch ihre Vergoldung eines der wenigen erhaltenen Exemplare goldbeschlagener Kultfiguren, die im frühen Mittelalter häufiger erwähnt sind, aber mit Ausnahme einer Hl. Fides im Schatz der Abtei von Conques en Rouergue in Südfrankreich und einer ihrer Vergoldung beraubten Madonna in Hildesheim nicht erhalten sind. Die Ausführung als Vollplastik wie auch die Verwendung von Zellenschmelz deutet auf byzantinischen Einfluss hin, der sich im Heiligen Römischen Reich erst nach der Heirat Kaiser Ottos II. mit der byzantinischen Prinzessin Theophanu im Jahr 972 bemerkbar machte. Gleichzeitig ist der Figur anzusehen, dass der Bildhauer gewohnt war, Reliefs zu erschaffen, aber mit der Gestaltung einer Vollplastik noch ungeübt war, da die Übergänge zwischen Front-, Seiten- und Rückansicht teilweise unvollkommen sind. Die verschiedenen Ansichten fügen sich nicht zu einer echten Einheit zusammen.

Religiöser und politischer Symbolgehalt

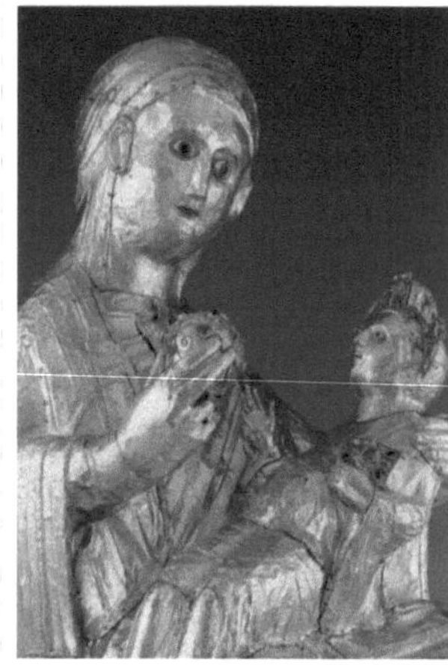

Goldene Madonna, Detail

Die Ikonographie der Madonna ist wie bei vielen mittelalterlichen Kunstwerken sehr komplex. Dargestellt ist Maria mit dem kindlichen Jesus auf dem Schoß, sitzend auf einem Schemel und mit einem eher schlichten Gewand. Die Figur des Kindes ist übergroß dargestellt. Diese Übergröße spiegelt die Bedeutung des Erlösers wider. Maria, theologisch zwar eine wichtige Heilige, tritt ihm gegenüber aber zurück. Die Figur stellt Maria in einer dienenden Rolle dar, angelehnt an Lukas 1, 38: *Siehe, ich bin des Herren Magd.* Zugleich ist sie dargestellt als Thron göttlicher Weisheit; diese Darstellung gründet sich auf 1 Kön 10, 18, wo es vom Thron Salomos heißt: *Und der König machte einen großen Thron von Elfenbein und überzog ihn mit dem edelsten Gold.* Durch die halb sitzende Haltung des Kindes wie auch durch dessen Bekleidung mit priesterlichem Ornat ist es als thronender Herrscher des Himmels gekennzeichnet, der die christliche Lehre verkündet. Als Verkünder der Lehre hält die Jesusfigur ein Buch. Es ist anzunehmen, dass die ursprüngliche rechte Hand eine segnende Geste machte, wie sie typisch für die Darstellung Jesu als Lehrer göttlicher Weisheit war.

Auffällig ist indes, dass die Figur des Jesuskindes ihren Blick nicht dem Betrachter der Statue zuwendet. Sein Blick ist vielmehr auf das Gesicht der Madonna gerichtet, deren Augen stets auf den Betrachter gerichtet zu sein scheinen. Maria ist also nicht nur in ihrer dienenden Rolle dargestellt, sie ist auch die Mittlerin zwischen dem Betrachter und dem Bringer der Heilslehre.

Gleichzeitig tritt sie dem Betrachter noch in einer anderen Rolle entgegen, denn sie hält mit ihrer rechten Hand eine wertvoll verzierte Kugel. Für diese Kugel gibt es mehrere Deutungsmöglichkeiten, die einander nicht ausschließen. Aufgrund ihrer thronenden Haltung ist man versucht, die Kugel als Reichsapfel zu deuten; die Übergabe eines Reichsapfels ist jedoch erst für die Krönung Konrads II. 1024 bezeugt. Die Deutung als Reichsapfel scheidet daher aus; zudem wird der Reichsapfel in den üblichen Darstellungen vom Träger fest, mit der ganzen Hand gehalten, nicht leicht mit nur drei Fingern.

Verbreitet ist daher die Deutung der Kugel als Apfel des Heils. In gleicher Weise, wie Eva den Apfel des Unheils vom Baum der Erkenntnis hielt, hält Maria dem Betrachter einen Apfel entgegen, der die Erlösung symbolisiert, die sie durch die Geburt Christi in die Welt gebracht hat. Die Goldene Madonna ist daher eine Darstellung der neuen Eva.

Eine weitere Deutung der Kugel knüpft an die Deutung des Reichsapfels an. Bei der Krönung der römisch-deutschen Kaiser symbolisierte der Reichsapfel die Macht über den Kreis der Welt, den *Mundus*. Auch wenn der Reichsapfel später eingeführt wurde, war die Darstellung des *Mundus* als Kugel zur Entstehungszeit der Madonna bereits bekannt; Darstellungen von Königen mit diesem Machtsymbol finden sich insbesondere in karolingischer und ottonischer Buchmalerei. Die von der Goldenen Madonna gehaltene Kugel kann daher als Darstellung des *Mundus* gedeutet werden. Maria hält die Macht über den Erdkreis in ihrer Hand, und diese Macht hält sie leicht mit ihren schlanken Fingern für denjenigen, dem sie eigentlich zusteht, nämlich dem Kind auf ihrem Schoß.

Eine Mutter, die die Macht über den Erdkreis für ihren kindlichen Sohn hält, erscheint aus heutiger Sicht als harmlose Aussage, zur Entstehungszeit der Madonna könnte dies anders gewesen sein. 983 war Kaiser Otto II., der Onkel Mathildes II., der damaligen Äbtissin in Essen, in Rom verstorben, und hatte als Erbe lediglich seinen dreijährigen Sohn, den späteren Kaiser Otto III. hinterlassen. Für Otto III. hatte, obwohl die Ausübung einer solchen Macht durch eine Frau zu der Zeit eher ungewöhnlich war, dessen Mutter Theophanu die Regentschaft ausgeübt.

Dieses Recht und den Anspruch Ottos III. hatte zunächst Heinrich der Zänker als nächster männlicher Verwandter Ottos II. für sich beansprucht, gegen den sich Theophanu mit Hilfe der Kirche durchsetzte. Die Goldene Madonna kann daher auch als Ausdruck des Anspruchs Theophanus interpretiert werden, als durch Gottes Gnade erhobene Herrscherin den Anspruch Otto III. auf das Kaisertum aufrecht zu erhalten. Deshalb spricht einiges dafür, Kaiserin Theophanu als Stifterin der Madonna anzunehmen. Mathilde II. von Essen dürfte in den Auseinandersetzungen mit dem Zänker auf Theophanus Seite gestanden haben, da sie als Erbin ihres Bruders Ottos von Schwaben, der nach des Zänkers Revolte 976 dessen Herzogtum Bayern erhalten hatte, nicht in dessen Gunst gestanden hätte. Die Ehren, die Otto III. dem Essener Stift durch die Stiftung des Marsusschreines und Schenkungen von Gütern, bestätigen dies. Es ist daher naheliegend, wenn auch nicht bewiesen, dass die Goldene Madonna zum Dank für die politische Unterstützung Theophanus nach Essen gelangte.

Liturgische Bedeutung

Historische Verehrung

Die Goldene Madonna nahm in der Liturgie des Essener Stiftes eine wichtige Rolle ein. Sie wurde bei allen wichtigen Prozessionen mitgeführt, zudem war der Altar der Madonna der Platz, an dem Schenkungsurkunden zugunsten des Stiftes niedergelegt wurden, so dass die geschenkten Güter symbolisch in die Obhut Marias gestellt wurden. Hierbei ist allerdings unklar, ob die Altarfigur die heute als Goldene Madonna bezeichnete Figur war, da in den erhaltenen Inventaren des Stiftes noch zwei weitere Marienfiguren aufgeführt sind.

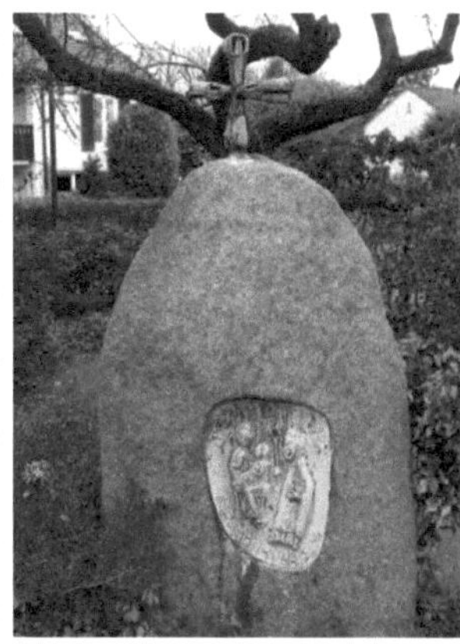

Gedenkkreuz am Markuspfad in Essen-Bredeney mit Abbildung der Madonna stellvertretend für das Stift Essen

Die wichtigste Festlichkeit im Essener Marienkult war das Fest Maria Lichtmeß, mit dem 40 Tage nach Weihnachten der Tag gefeiert wurde, an dem Maria den neugeborenen Jesus in den Tempel brachte. Zur Vorbereitung des Festes wurde die Figur von der Hüterin der Schatzkammer am Vorabend dem jüngsten Kanoniker übergeben. Der brachte sie unter dem Mantel verborgen auf einem festgelegten Weg in die heute in Essen als Marktkirche bezeichneten St. Gertrudis-Kirche, die Stadt- und Bürgerkirche war. Dort wurde sie über Nacht aufbewahrt. Am Tag des Festes wurde dann die Statue verhüllt über einen festgelegten Prozessionsweg vor die Stiftskirche gebracht. Auf dem „steyn“, an dem sonst die Abgaben an das Stift entrichtet wurden, wurde sie niedergesetzt. Dort wurde sie festlich enthüllt und mit der im Domschatz erhaltenen goldenen Krone gekrönt, bei der es sich möglicherweise um die Kinderkrone Kaiser Otto III. handelt. Anschließend hielt die Madonna unter dem Geleit der Bevölkerung Einzug in die Stiftskirche, wie Maria beim Tempelgang von der Bevölkerung des himmlischen Jerusalems begleitet worden war. Diese Prozessionen wurden bis 1561 durchgeführt und dann eingestellt, da aufgrund der Reformation, die in der Stadt Essen eingeführt worden war, St. Gertrudis protestantische Kirche geworden war.

Eine andere wichtige Prozession, bei der die Madonna mitgeführt wurde, fand jährlich am Montag vor Christi Himmelfahrt statt, das 40 Tage nach Ostern gefeiert wird. An diesem Tag wurde die Madonna von den Stiftsdamen zu den jährlichen förmlichen Treffen zwischen den Stiftsdamen, Kanonikern und Scholaren des Stifts Essen und dessen Tochtergründung, dem möglicherweise von der Essener Äbtissin Mathilde II. gegründeten Stift in Essen-Rellinghausen, mit den Mönchen der Abtei im benachbarten Werden mitgebracht. An diese jährlichen Treffen erinnert noch heute ein Gedenkstein am Markuspfad in Essen-Bredeney, wo der Treffpunkt der Essener und Werdener Prozessionen, eine Kapelle des Hl. Markus, stand.

Der erste Ruhrbischof, Franz Kardinal Hengsbach erneuerte 1978 den mittelalterlichen Brauch der Marienkrönung. Aufgrund der restauratorischen Bedenken mussten die Krönungen 2000 wieder eingestellt werden.

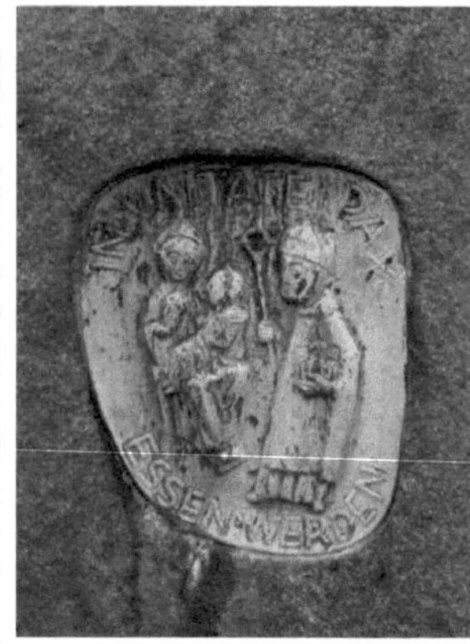

Detail des Gedenksteins

Heutige Verehrung

Da Maria als *Mutter vom guten Rat*, verehrt im Bildnis der Goldenen Madonna, bei der Gründung des Ruhrbistums 1959 durch Papst Johannes XXIII. zur Schutzheiligen des Bistums Essen erhoben wurde, symbolisiert die jahrhundertealte Statue nun das Ruhrbistum. Der erste Essener Bischof Dr. Franz Hengsbach entschied daher, die Goldene Madonna nicht in der nur gegen Eintrittsgeld zugänglichen Schatzkammer aufzubewahren, sondern den Gläubigen in der Münsterkirche frei zugänglich zu machen. Seit 1959 befindet sich die Goldene Madonna in einer klimatisierten Hochsicherheitsvitrine in der nördlichen Seitenkapelle des Münsters, vor der während der Öffnungszeiten der Münsterkirche stets Gläubige anzutreffen sind.

Die Goldene Madonna, im Essener Volksmund auch „Essen sein Schatz" genannt, war auch Star eines Werbeplakates der Essener Stadtwerbung.

Literatur

- Birgitta Falk: *„ein Mutter gottesbild mit gold plattirt" - Zum Erhaltungszustand der Goldenen Madonna des Essener Doms.* in: *Alfred Pothmann - Hüter und Bewahrer - Forscher und Erzähler - Gedenkschrift.* Essen 2003, ISBN 3-00-012328-8
- Frank Fehrenbach: *Die goldene Madonna im Essener Münster.* edition tertius, Ostfildern 1996, ISBN 3-930717-23-9
- Jan Gerchow: *Der Schatz des Essener Frauenstifts bis zum 15. Jahrhundert. Zur Geschichte der Institution.* in: *Alfred Pothmann - Hüter und Bewahrer - Forscher und Erzähler - Gedenkschrift.* Essen 2003, ISBN 3-00-012328-8
- Eduard Hlawitschka: *Kaiserinnen Adelheit und Theophanu.* in: *Frauen des Mittelalters in Lebensbildern.* Styria Verlag, Graz 1997, ISBN 3-222-12467-1
- Georg Humann: *Die Kunstwerke der Münsterkirche zu Essen.* Düsseldorf 1904.
- Lydia Konnegen: *Verborgene Schätze. Der Essener Münsterschatz in Zeiten des Ruhrkampfes.* in: *Münster am Hellweg.* Mitteilungsblatt d. Vereins für die Erhaltung des Essener Münsters. Essen 2005, S. 67ff.
- Leonard Küppers, Paul Mikat: *Der Essener Münsterschatz.* Fredebeul & Koenen, Essen 1966.
- Alfred Pothmann: *Der Essener Kirchenschatz aus der Frühzeit der Stiftsgeschichte.* in: *Herrschaft, Bildung und Gebet - Gründung und Anfänge des Frauenstifts Essen.* Klartext, Essen 2000, ISBN 3-88474-907-2

Weblinks

- Seite der Domschatzkammer Essen zur Goldenen Madonna [2]

Referenzen

[1] Pothmann, S. 138
[2] http://www.domschatz-essen.de/index.php?id=185

Sixtinische Madonna

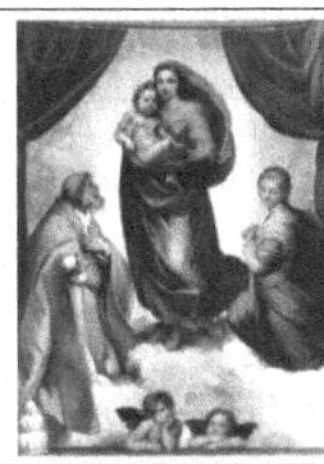

Sixtinische Madonna
Raffael, 1512/13
Öl auf Leinwand, 256 cm × 196 cm
Gemäldegalerie Alte Meister

Die **„Sixtinische Madonna“** von Raffael, heute in der Galerie Alte Meister in Dresden (angekauft 1754), ist eines der berühmtesten Gemälde der italienischen Renaissance. Das Gemälde in seiner Gesamtheit ist heute vielen Menschen weniger geläufig als die beiden Puttenfiguren am unteren Bildrand (Raffaels Engel), die als eigenständiges Motiv der Populärkultur millionenfach auf Postern oder Postkarten auftauchen.

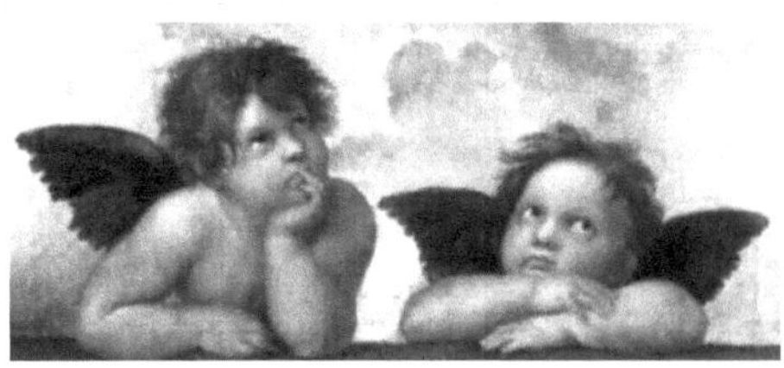

Bildausschnitt: Raffaels Engel

Geschaffen wurde die Sixtinische Madonna in den Jahren 1512/1513 von Raffaelo Santi für den Hochaltar der Klosterkirche San Sisto in Piacenza. Es handelt sich um ein von Papst Julius II. in Auftrag gegebenes Werk, das den Sieg des Papstes über die in Italien eingefallenen Franzosen feiert und aus Anlass der Einverleibung der Stadt Piacenza in den Kirchenstaat gestiftet wurde.

Das Altarbild stellt eine Sacra Conversazione dar: Die klassisch in Rot und Blau gewandete Madonna mit dem Jesuskind wird von Papst Sixtus II., der die Porträtzüge von Julius II. trägt und der Heiligen Barbara flankiert. (Die Gebeine dieser beiden Heiligen wurden in der Kirche San Sisto als Reliquien aufbewahrt.) Die drei Figuren sind im Dreieck angeordnet; zurückgeschlagene Vorhänge in den oberen Bildecken betonen die geometrische Komposition. Der Heilige, zu dessen Füßen die Tiara (Papstkrone) als Würdezeichen abgestellt ist, weist aus dem Bild hinaus, und die Madonna und das Kind blicken ernst in die gewiesene Richtung, während die Frau zur Rechten den Blick demütig niederschlägt. An seinem ursprünglichen Platz war das Bild an der Rückwand des Altars gegenüber einem großen Kruzifix angebracht; das Spiel der Figuren steht also im Bezug zum Kreuzestod Christi.

Der Blick des Betrachters wird von Links herein auf die linke Figur geführt. Danach wird durch die Bildkomposition der Blick im Bild gehalten. Die linke Figur blickt auf die Madonna mit Kind, der Blick des Betrachters wird im Weiteren auf die rechte Figur geleitet. Deren Blickrichtung weist auf die Engel am unteren Bildrand, die durch ihre Kopfhaltung wiederum zu Barbara führen. Von der anderen Seite wird der Blick des Betrachters mit dem Arm von Sixtus auf die Engel, von diesen zu Barbara und dann wiederum auf die Madonna gelenkt. Zusätzlich wird das Kind in der Hand durch den Gegenschwung des Schleiers aufgefangen. Dieser Kreis fängt den Blick des Betrachters immer wieder auf und lenkt ihn auf die Madonna.

Eine maltechnische Meisterleistung dieses Werkes birgt der Hintergrund – aus größerer Entfernung glaubt man, Wolken zu sehen, bei näherer Betrachtung sind es jedoch zahllose Engelsköpfe.

Dieses Kunstwerk diente vielen nachfolgenden darstellenden Künstlern als Vorlage eigener Werke. Eduard Mandels Kupferstich nach diesem Gemälde ist, kurz vor seinem Tod entstanden, eines seiner bedeutendsten Werke.

Literatur

- Claudia Brink/ Andreas Henning (Hrsg.): *Raffaels Sixtinische Madonna. Geschichte und Mythos eines Meisterwerks*, Berlin 2005
- Andreas Henning: *Raffaels Transfiguration und der Wettstreit um die Farbe. Koloritgeschichtliche Untersuchung zur römischen Hochrenaissance*, Deutscher Kunstverlag, München 2005, ISBN 3-422-06525-3, zugl.: Berlin FU Diss. 2002
- Theodor Hetzer: *Die Sixtinische Madonna*, Verlag Urachhaus, Stuttgart 1991
- Michael Ladwein: *Raffaels Sixtinische Madonna. Literarische Zeugnisse aus zwei Jahrhunderten*, Pforte-Verlag, Dornach 2004, ISBN 3-85636-159-6
- Marielene Putscher: *Raphaels Sixtinische Madonna. Das Werk und seine Wirkung*, Hopfer, Tübingen 1955, zugl.: Hamburg Univ. Diss. 1955, 1. - *Textband* und 2. - *195 Blätter* (in einer Mappe)
- Michael Rohlmann (Hrsg.): *Raffaels Sixtinische Madonna*, in: *Römisches Jahrbuch der Bibliotheca Hertziana* Jg. 30 (1995), S. 221-248
- Angelo Walther: *Raffael, die Sixtinische Madonna*, Seemann, Leipzig 2004, ISBN 3-86502-100-X
- Giorgio Vasari, *Leben der ausgezeichnetsten Maler, Bildhauer und Baumeister, von Cimabue bis zum Jahre 1567*, Übersetzung von Ludwig Schorn und Ernst Förster, Stuttgart 1843, Bd.3/I

Weblinks

- Jakob Sztaba: Die Sixtinische Madonna - eine gemalte himmlische Vision [1] (PDF-Datei; 81 kB)
- Offizielle Website der Gemäldegalerie Alte Meister in Dresden [2]
- www.kunst-wissen.net [3] Raffaels Engel

Referenzen

[1] http://www.binaryblood.com/biblio/raffael.pdf

[2] http://www.skd-dresden.de/de/museen/alte_meister.html

[3] http://www.kunst-wissen.net/gemaelde-raffaels-engel.html

Stuppacher Madonna

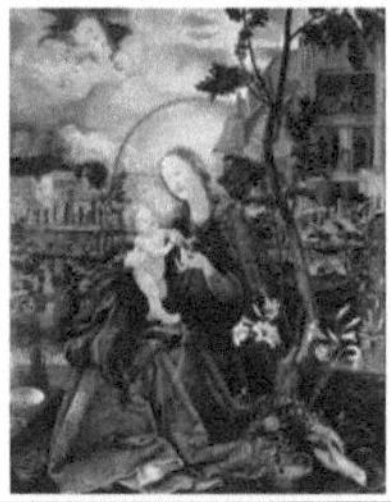

Die Stuppacher Madonna
Matthias Grünewald, 1514-1516
Mischtechnik auf Nadelholz, 186 cm × 150 cm
Bad Mergentheim

Die **Stuppacher Madonna** ist ein Madonnenbild von Matthias Grünewald. Es befindet sich heute in einer eigens dafür erbauten Kapelle an der Pfarrkirche Mariä Krönung im Bad Mergentheimer Stadtteil Stuppach und zählt neben dem Isenheimer Altar zu Grünewalds Hauptwerken.

Entstehungsgeschichte

Die Entstehungsgeschichte der Stuppacher Madonna kann heute als geklärt angesehen werden. Aufgrund eines im Jahr 1515 geschlossenen Vertrages, der im Nachlass von Grünewald erwähnt wurde, und der Beschriftung auf dem Sockel des Rahmens in der Aschaffenburger Stiftskirche St. Peter und Alexander darf angenommen werden, dass der Aschaffenburger Stiftskanoniker Heinrich Reitzmann das Bild um 1514 beim Künstler in Auftrag gegeben hat. Es entstand also während der Arbeiten am Isenheimer Altar in seiner dortigen Werkstatt. Damit ist auch die Ähnlichkeit mit der Isenheimer Madonna erklärt. Matthias Grünewald gestaltete den Hintergrund mit Bildern, die er täglich sah. Die Kirche wird übereinstimmend als die Fassade vom südlichen Querschiff des Straßburger Münsters angesehen. Die Häusergruppe daneben sei der Antoniterhof in Straßburg (Bernhard Saran). Das Gemälde war als Andachtsbild für die neue Kapelle (heute Maria-Schnee-Kapelle) in der Stiftskirche zu Aschaffenburg bestimmt. Es sollte an der Wand hinter dem Altar angebracht werden. Die Kapelle wurde von Kaspar Schantz und seinem Bruder Georg erbaut. Bei ihrer Einweihung am 21. Oktober 1516 durch Erzbischof Albrecht von Brandenburg war das Bild mit größter Wahrscheinlichkeit bereits an seinem vorgesehenen Platz, da es 1517 als schon vollendet bezeichnet wird. Das Bild wurde auf Nadelholzbretter von ausgesuchter Qualität gemalt. Im unteren Teil sind diese mit einem sehr feinen Gewebe bezogen. Für die Farbpigmente setzte Grünewald verschiedene Tempera als Bindemittel ein, weshalb man diese Malerei als Mischtechnik bezeichnet.

Der Maria-Schnee-Altar mit der Madonna als Mittelbild

1517 konnte sich der Aschaffenburger Stiftskanoniker Heinrich Reitzmann einen langgehegten Wunsch erfüllen. Er bestellte bei Grünewald ein Bild, das Schneewunder darstellend. Nach der Legende ließ es Maria im Hochsommer schneien um anzuzeigen, wo und wie die Kirche Santa Maria Maggiore in Rom erbaut werden sollte. Die Stiftung erfolgte aus Reitzmanns übergroßer Marienfrömmigkeit heraus. Wie er in seinem Testament vom 5. August 1517 schrieb, sollte das Bild für 25 Gulden von dem Künstler angefertigt und „zu der bereits vollendeten Tafel (gemeint ist die Stuppacher Madonna) in der genannten neuen Kapelle gehängt werden“. Vermutlich wurde kein geeigneter Platz für das Bild in dem kleinen Raum gefunden. Die einzige adäquate Lösung sah man damals anscheinend darin, das

Andachtsbild zu einem Triptychon umzugestalten und das Schneewunderbild als Flügel daran anzusetzen. Wie die meisten der zeitgenössischen Andachtsbilder hatte es wahrscheinlich ein halbrundes Sockelfeld. Das könnte deckungsgleich mit dem noch vorhandenen Kopffeld gewesen sein und war bestimmt genau so sorgfältig und feingliedrig geschnitzt. Wegen der geringen Raumhöhe musste es entfernt werden und wurde durch einen niedrigen friesartigen Balken ersetzt. Der ist erheblich plumper ausgeführt als der obere Fries und somit eindeutig als nachträgliche Hinzufügung zu erkennen. Eine dritte Blattmaske, die ähnlich gearbeitet und gefasst ist wie die beiden oberen, wird im Stiftsschatz aufbewahrt. Sie scheint von dem entfernten Sockelfeld zu stammen.

Grünewald musste jetzt die Auftragsarbeit von Reitzmann auf dem schmalen Altarflügel unterbringen. Auf dem damit notwendigen, heute verschollenen linken Flügel stellte er vermutlich die drei Stifter von Altar und Kapelle vor einem unbekannten Hintergrund dar. Nach den erforderlichen Umbauten wurde der Rahmen als Retabel auf den Altartisch gestellt. Mit den beiden Flügelbildern entstand so zwischen 1517 und 1519 der Maria-Schnee-Altar. Bestätigt wird dies durch die Beschriftung am Altarsockel und im Segment, wo erstmals der Titularnamen der Kapelle erscheint. Außerdem gibt eine Beschreibung des Altares von 1803 den wichtigen Hinweis, dass das Schneewunderbild tatsächlich als Flügel an dem Mittelbild (damals schon das Dreikönigsbild von Kiening) angebracht war. Das Madonnenbild und der Schneewunderflügel stammten wohl von dem gleichen Meister. Sie wurden aber in einem zeitlichen Abstand von über zwei Jahren und unter verschiedenen Prämissen gemalt. Sie stammten auch aus zwei verschiedenen Stiftungen. Die Verantwortlichen von damals machten sich vermutlich keine großen Gedanken, ob die beiden Bilder bei der zwangsweisen Zusammenfügung zu einem Altarretabel auch in farblicher, künstlerischer, theologischer oder mystischer Form zusammenpassen würden. Sie wollten mit ihrer Entscheidung nur einen Platz für das Schneewunderbild in der Kapelle schaffen. Aufgrund dieser Beschreibung sind alle Überlegungen über eine thematische Zusammengehörigkeit der Stuppacher Madonna und des Schneefestes vom Tisch. In den Tafeln kann keine Gemeinsamkeit gesucht werden, da sie als zusammenhanglose Einzelbilder gemalt wurden. Die Rückseiten der Klappflügel mit der Epiphanie und die später dazugekommenen Standflügel wurden von einem unbekannten Künstler ausgeführt. Die mit Eisenblech gefassten Zapfenlöcher im Originalrahmen bestätigen ebenfalls, dass an dem Rahmen des Mittelbildes Flügelbilder angebracht waren. Die verschiedenen Bildhöhen und -breiten lassen sich zudem problemlos zu dem Altarretabel vereinen, wie es die Rekonstruktionsrechnung auf Grundlage der Rahmenmaße nach H. A. Schmidt beweist. **Marienbild:** Heute 186x150 cm. Ursprünglich ca. 195x161 cm. mit einer sichtbaren Bildfläche im Rahmen von ca. 191x157 cm. **Schneewunder:** 176x88,5 cm. Um mit der Werktagsseite der Flügelbilder die Madonna und die breiten Seitenrahmen abdecken zu können, bekamen die Flügel einen 9,5 cm breiten Rahmen. Alle Maße der Rekonstruktion sind Zirkamaße.

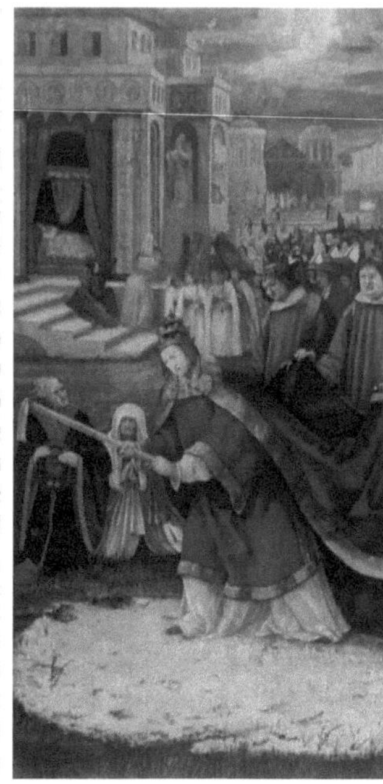

„Schneewunder", rechter Seitenflügel des „Maria-Schnee-Triptychons", Tannenholz, Freiburg im Breisgau, Augustinermuseum

Von Aschaffenburg nach Stuppach

Die Stuppacher Madonna wurde bereits um 1531 aus dem Rahmen genommen, da der Maria-Schnee-Altar ab diesem Jahr Dreikönigsaltar genannt wurde Das bedeutet, dass die zugeklappten Flügel das Mittelbild ersetzten. Das weitere Schicksal des Bildes liegt im Dunkeln. 1809 wurde es in der Kapelle des ehemaligen Deutschordensschlosses in Mergentheim bei der Auflösung des Ordens entdeckt. 1812 kaufte Balthasar Blumhofer, Pfarrer in der Deutschordenspfarrei Stuppach, das Bild für seine Kirche. Es wurde damals Rubens zugeschrieben. 1854 wurde die Kirche neugotisch umgestaltet. Der in dem neuen Hochaltar integrierte Rahmen für das Bild erwies sich als zu klein. Es musste daher an allen Seiten beschnitten werden. Erst 1881 wurde es bei einer Restaurierung als eine Schöpfung von Grünewald erkannt. Dies erfreute die Stuppacher nicht besonders, da der Name „Rubens“ einen besseren Klang hatte als der nur wenigen Fachleuten geläufige Name „Grünewald“. Das Bild wurde, seit es in Stuppach ist, sechsmal restauriert, zuletzt 1926-31. Nach der Abnahme der Übermalungen wurde der in fünf Jahrhunderten entstandene desolate Zustand des Bildes offenbar. Das Schadensbild zur Madonna zeigt, dass es damals kaum mehr eine unbeschädigte beziehungsweise unbearbeitete Partie gab. So ist die nicht ursprüngliche Christusfigur in den Wolken entfernt und durch einen Gottvater ersetzt worden, der dem vom Isenheimer Altar nachempfunden wurde. Die Handzeichnung von Grünewald „gekrönte Madonna mit geflügeltem Kind“, die als Studie zur Stuppacher Madonna bezeichnet wird, liegt im Kupferstichkabinett in Berlin. In das Bild werden immer noch Visionen der hl. Birgitta von Schweden hinein interpretiert und einzelnen Gegenständen eine Symbolik zugeschrieben, die zwar ikonographisch stimmt, von der Absicht des Malers her aber heutzutage nicht mehr sicher bewiesen werden kann. Die hl. Birgitta von Schweden lebte 1303 bis 1373 und geißelte mit ihren Visionen die Umstände ihrer Zeit. Weitere naturalistische Motive, wie der Regenbogen als Nimbus mit dem Farbspektrum darin, Bienenkörbe und Lilien, sind zudem typische Modeerscheinungen in der Malerei der ausklingenden Gotik (Anton Kehl).

Die Kirchengemeinde von Stuppach weigerte sich, das Bild für die Ausstellung „Das Rätsel Grünewald“ auszuleihen, die 2002/03 im Aschaffenburger Schloss gezeigt wurde. Grundsätzlich wird dieses Gemälde aus konservatorischen Gründen nicht verliehen. So auch nicht zur Ausstellung "Grünewald und seine Zeit" in der Staatlichen Kunsthalle Karlsruhe vom 8. Dezember 2007 - 2. März 2008.

Restaurierungen

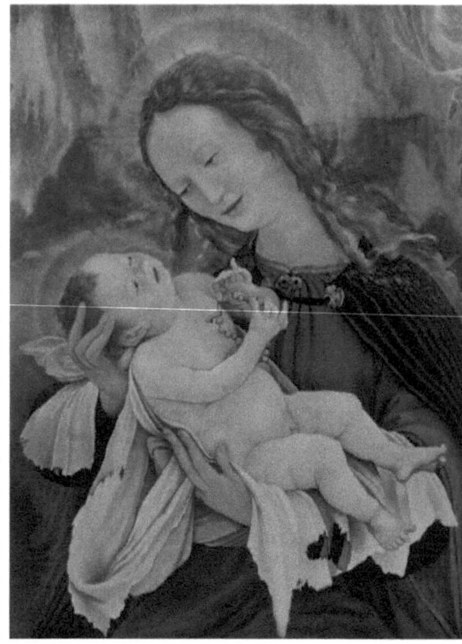

Detail der Tafel „Engelskonzert“ des Isenheimer Altars

Das Gemälde ist zwischen 1833 und 1931 insgesamt fünfmal restauriert worden. Vor der letzten Renovierung zwischen 1926 und 1931 in Stuttgart war das Gemälde in sehr schlechtem Zustand. Der Kunsthistoriker Wilhelm Fraenger schrieb über den damaligen Zustand:

> *Diesem Bild ist es widerfahren, daß ein Bauernmaler die schadhaften Partien auf seine Weise restaurierte. So hat der üble Pinsel dieses Tünchermeisters den ganzen Himmel überschmiert und den dort in der Gloriole Gottes schwebenden Engelreigen bis zur Unkenntlichkeit entstellt. Auch das Gesicht der Madonna, wie Kopf und Körperchen des Jesusknaben wurden mit einer dicken Farbenkruste zugedeckt, wie schließlich auch die grobe Form des Regenbogens dem Pfuschwerk dieses Restaurators zugehört.* (Fraenger, S. 296)

Die Restaurierung in Stuttgart, die durch den Restaurator Tettenborn vorgenommen wurde, ist umfangreich belegt, weil eine Fotodokumentation darüber besteht. Die Restaurierung hat viele der vorherigen Schäden an dem Werk korrigiert, war allerdings an einer Stelle nicht sonderlich werkgetreu. Aufgrund einer Vorstudie Grünewalds, die sich heute im Kupferstichkabinett der Staatsgalerie Stuttgart befindet, geht der Kunsthistoriker Ziermann davon aus, dass insbesondere die Gloriole verändert wurde. Diese zeigt in der Vorstudie einen Christus als Weltenherrscher, der in der linken Hand einen kreuzgekrönten Globus und in der rechten ein Zepter trägt. Das Kreuz an der Spitze des Zepters, das die gleiche Form wie das Kreuz an der Gartenpforte hat, weist auf ihn als himmlischen Bräutigam der Jungfrau. Von seinem Thron aus tragen zwei Engel eine Krone, um sie Maria als der Himmelskönigin zu überbringen. Die jetzige Übermalung zeigt dagegen einen Gottvater, der von einer Vielschar von Engeln umgeben ist.

Bildaufbau

Das Gemälde ist durch eine Diagonale von links unten nach rechts oben in zwei Hälften geteilt. Die rechte Bildseite, auf der sich unter anderem die Kathedrale befindet, wirkt dunkler und schwerer. Sie scheint sich in größerer Nähe zum Betrachter zu befinden. Die linke Seite erscheint durch ihre Farbgebung heller und ätherischer. Eine zweite Sichtdiagonale, die weniger auffällig ist, verläuft von rechts unten nach links oben vom Mantelsaum über die Haare bis zu den Wolken. Optischer Mittelpunkt des Bildes ist Maria mit dem Kinde, die mit ihrem ausgebreiteten Mantel ein Dreieck bildet. Der Baum zu ihrer rechten Seite folgt in leichter Schwingung ihrer Körperkontur. Ihr Kopf befindet sich im Schnittpunkt der beiden Diagonalen. Exakt in der physischen Bildmitte befinden sich die Hände. Vor dem Hintergrund des Mantels bilden sie in diesem Bild den stärksten Hell-Dunkel-Kontrast.

Bildobjekte

Das detailgetreu gemalte Bild zeigt Maria, die auf einem Brunnenrand oder einer Bank sitzt. Sie trägt ihr langes, blondes Haar offen und keine Krone krönt ihr Haupt. Der Kopf ist dem Kind zugewandt, das auf ihrem Schoß steht und dem sie mit der linken Hand einen Granatapfel reicht. Mit der rechten Hand hält sie das Jesuskind, wobei die Finger in unnatürlicher Haltung gespreizt sind. Mit ebenso unnatürlicher Fingergestik greift das Kind in Richtung Granatapfel und weist gleichzeitig mit seinen Fingern auf den dargestellten Baum. Über dem Kopf Marias wölbt sich ein Regenbogen, darunter ein angedeuteter Heiligenschein. Am linken oberen Bildrand öffnet sich der Himmel; Gottvater und Engel sind erkennbar.

Rechts von Maria befindet sich ein Baum, dessen Krone durch den oberen Bildrand abgeschnitten ist. Er trägt gleichzeitig Laub, Blüten und Früchte. An der Wurzel des Baumes steht ein Gefäß mit Blumen. Eindeutig zu identifizieren sind Rosen und Madonnenlilien. Im Hintergrund des Baumes ist eine Kathedrale mit weit vorspringenden Strebebögen erkennbar, die vom rechten Bildrand teilweise abgeschnitten ist. Kunsthistoriker haben in der dargestellten Kathedrale sowohl Details des Straßburger Münsters, der Stiftskirche in Aschaffenburg als auch des Mainzer Doms entdeckt.

Links sieht man eine Porzellanschale, in der ein Rosenkranz liegt, sowie einen Krug. Darüber ist ein Feigenbaum erkennbar, der sich um ein Holzkreuz windet und dahinter ein Garten mit einem geschlossenen Tor in Kreuzform, Bienenstöcke und darüber eine Landschaft mit Dorf, Gebirge sowie einem in der Ferne angedeuteten Meer.

Bildsymbolik

Bildaussage: Maria als Mutter der Kirche

Wie für Gemälde dieser Zeit typisch, besitzen die meisten der auf diesem sorgfältig durchkomponierten Bild dargestellten Objekte eine tiefere Symbolik. Die Allegorese ist hier allerdings sehr vielschichtig, bezieht sich auf viele mystische Symbole wie sie beispielsweise in den Visionen der hl. Birgitta von Schweden genannt werden und in der deutschen Mystik eine Rolle spielen. Das Bild hebt sich damit von zeitgenössischen Madonnendarstellungen ab. Die Symbolik einzelner Gegenstände erschließt sich teilweise nur in Zusammenhang mit der Symbolik anderer auf dem Bild dargestellter Objekte und lässt Spielraum für eine Reihe unterschiedlicher Leseweisen. Die verwendete Bildsprache war zumindest zu einem Teil den theologisch gebildeten Zeitgenossen Grünewalds geläufig. Neben der reinen Darstellung der Madonna mit dem Kinde diente diesen das Bild als Meditationshilfe über Glaubensinhalte.

Kunsthistorisch besteht heute weitgehend Konsens, dass die zahlreichen Details des Bildes darauf hinweisen, dass Grünwalds Gemälde als eine Darstellung Mariens als Mutter der Kirche zu interpretieren ist. Berta Reichenauer hat dazu geschrieben:

> *Grünewald hatte auf seinem Bild die Kirche und ihre göttliche Sendung darzustellen. So wie der Mensch das Spielzeug Gottes ist, die Schöpfung aus dem göttlichen Spiel hervorgegangen ist, so ist auch die Kirche Spielpartner des Höchsten. Maria ist die Mutter der Kirche, dem Hohenlied zufolge die Braut des Herrn. Ihr Spiel ist bräutliches Spiels, wie es die Mystiker verstanden.* (Reichenauer, S. 68)

Das Lächeln Marias und das Spiel des Kindes

Auf den unvoreingenommenen Betrachter wirkt das leichte Lächeln Marias, das auf zahlreichen mittelalterlichen Madonnendarstellungen zu sehen ist, als das Festhalten des subjektiven Gefühlsausdruckes einer selbstvergessenen Mutter, die mit ihrem Kind spielt. Es erscheint in ähnlicher Weise beispielsweise bei Raffaels „Madonna im Grünen“ oder bei Leonardo da Vincis „Felsgrottenmadonna“. Dieses malerisch so häufig festgehaltene Lächeln, das auf viele heutige Betrachter gelegentlich kitschig wirkt, ist der malerische Ausdruck einer langwährenden theologischen Überlegung. Schon die Kirchenväter und die Mystiker hatten sich mit dem Verhältnis Marias zu ihrem Kind auseinandergesetzt und sich mit der Frage beschäftigt, welche Rolle dabei Spielen und Lächeln spielte.

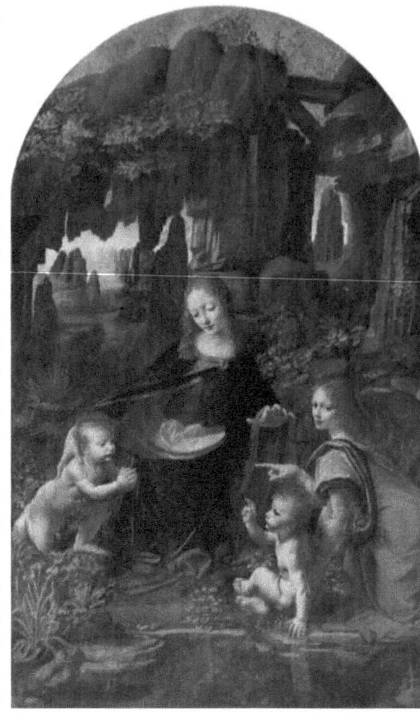

Leonardo da Vinci, Felsgrottenmadonna, etwa 1483- 1486, Paris, Louvre

Sieh, unter dem lieben
Weinstock, o Christus,
spielt voller Frieden,
behütet im Garten
die heilige Kirche

heißt es schon bei dem Mönch Notker.

Die theologische Überzeugung, dass sich im Lächeln die göttliche Weisheit und Gelassenheit manifestiere und dass der leidende Gott auch ein spielender Gott, ein *„Deus ludens“* war, spiegelt sich in vielen Gemälden des 15. und 16. Jahrhunderts wider. So spielt bei Raffael das Jesuskind mit dem Kreuz, während bei Grünewald das spielende Kind mit seinen gespreizten Fingern nicht nur nach dem Granatapfel greift, sondern mit dieser Geste gleichzeitig auf den neben Maria stehenden Baum verweist, der hier ebenfalls eine mehrschichtige Symbolik besitzt und unter anderem den Kreuzestod andeutet.

Das spielende Kind auf dem Schoß der Mutter steht dabei auf schwerem, kostbar verbrämtem Brokat und über ihm öffnen sich die Wolken, um den Blick auf Gottvater freizugeben. Im Alten Testament ist die Wolke Symbol der Gegenwart Gottes, während sie im Neuen Testament auf seine Vergegenwärtigung hinweist.

Der Granatapfel

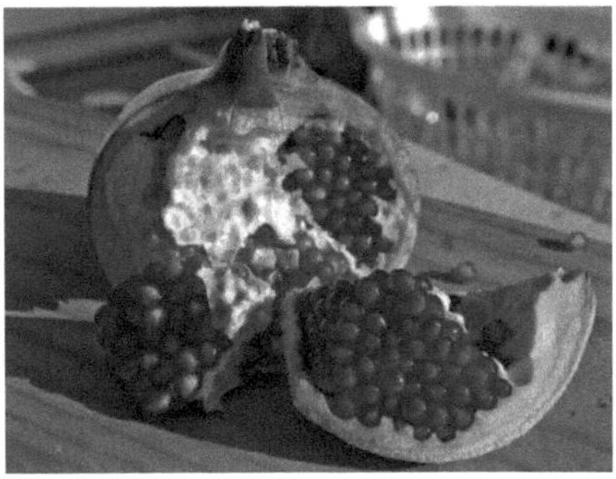

Der Granatapfel mit seiner Symbolik ist der Schlüssel zur Interpretation des Gemäldes

Das Jesuskind der „Stuppacher Madonna" spielt mit einem Granatapfel. Grünewald weicht damit von der gängigen Bildsymbolik ab. Auf der überwiegenden Mehrzahl der „Madonna mit Kind"-Darstellungen spielt das Jesuskind entweder mit einem Apfel - Symbol der Überwindung des Sündenfalls durch den Tod Christi - oder mit einer Weltkugel, dem Symbol seiner Weltherrschaft. Dass Maria ihrem Kinde einen Granatapfel zum Spiele hinhält, ist der Schlüssel zur eigentlichen Bildaussage, dass Maria die Mutter der Kirche sei. Der Granatapfel, der unter einer harten Schale zahlreiche Kerne trägt, besitzt eine vielschichtige Symbolik - mit seiner harten Schale verweist er auf die Askese des Priesterstandes, die reiche Frucht trägt. In seiner Gesamtheit symbolisiert die Frucht die Kirche als Gemeinschaft der Gläubigen. Auf die zentrale Bedeutung der Frucht für die Bildaussage weist zum einen die Darstellung in der Bildmitte hin sowie die exaltierte Fingerhaltung von Mutter und Kind. Die drei Finger, mit denen Maria ihn hält, weisen auf die Befruchtung, die Empfängnis und die Geburt. Die Haltung der Finger der rechten Hand des Kindes ist mehr als ein spielerisches Zugreifen. Es erinnert an die Segnungsgeste in der kirchlichen Liturgie und mit dieser Geste segnet das Kind nicht nur den Granatapfel als Symbol der Kirche sondern auch Maria, die Mutter der Kirche. Daumen, Zeige- und Mittelfinger, mit denen die Geste ausgeführt wird, deuten auf die Dreifaltigkeit. Berta Reichenauer sieht in ihrer Interpretation des Bildes noch eine weitere Bedeutung in dieser Geste: Allein die Liebe (= Daumen) führt vom Geist (= Bedeutung des Zeigefingers) inspiriert zum wahren, durch das Leiden (= Granatapfel) gekrönten Leben (= Bedeutung des Mittelfingers).

Der Baum

Mit dem Zeigefinger der linken Hand weist das Kind in Richtung Baum. Auffällig an diesem ist, dass er gleichzeitig Früchte und Blüten trägt. Wenn dies auch bei manchen tropischen Bäumen vorkommt, ist dies jedoch keine Eigenschaft mitteleuropäischer Baumarten. Das gleichzeitige Fruchten und Blühen ist ebenso wie die an seinen Wurzeln stehenden Madonnenlilien vor allem Symbol der Jungfräulichkeit Mariens. Auch hier hat Grünewald ein nicht sehr häufig verwendetes Symbol benutzt - auf vielen mittelalterlichen Tafelgemälden sind es die tatsächlich gleichzeitig blühenden und fruchtenden Walderdbeeren, die auf diese Eigenschaft Mariens hinweisen. Der Baum deutet hier jedoch gleichzeitig auf den Kreuzestod Christi und ist damit das Symbol der Erlösung.

Ziermann weist jedoch auch darauf hin, dass die Zeigerichtung der Finger auch auf den Halsschmuck Marias deuten: Der zeitgenössische Betrachter las diesen Schmuck als Zeichen der Brautschaft Marias und der jungfräulichen Empfängnis. Im selben Sinne deutete er das Kreuz an der Pforte zum geschlossenen Garten (Ziermann, S. 156).

Die Kathedrale und das Meer

In der Form der Kathedrale wiederholt sich der pyramidale Aufbau der Marienfigur. Grünewald hat in der Darstellung der Kathedrale Bezüge zu drei Kirchen geschaffen; in den Maßwerk-Fenstern sind zwei achtspeichige Räder stilisiert, die auch im Mainzer Wappen auftauchen - er bezieht sich damit auf den Mainzer Dom. Das Querschiff erinnert an die Fassade des südlichen Querschiffes des Straßburger Münsters, bevor dort die Gerichtslaube entfernt wurde und der Treppenaufgang ähnelt dem der Stiftskirche St. Peter und Alexander.

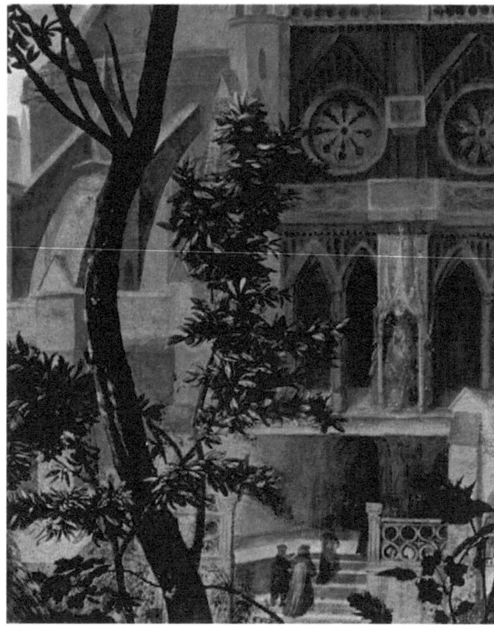
Detail der Stuppacher Madonna: Die als Bildhintergrund gemalte Kathedrale

Die christliche Literatur nutzt das Bild des Schiffes und der Arche häufig als Sinnbild für die Kirche und verwendet die Formulierung von der Kirche, die einem Schiff gleich durch das „böse Meer der Welt“ fährt. Seit dem Beginn der katholischen Literatur im Altertum gab es ebenso wie in der rabbinischen Literatur Auslegungen des Namens „Maria“, die einen Bezug zum Meer herstellten und die unter anderem dazu führten, dass zahlreiche lateinische und deutsche Marienlieder Maria als „Meerstern“ ansprechen, als Stern, der den Weg in den Hafen des Heils weist. Tatsächlich entdeckt man im fernen Bildhintergrund ein Meer und deutlich sichtbar wölbt sich ein Regenbogen darüber. Der Regenbogen ist schon bei Moses das Zeichen nach der Sintflut des göttlichen Bundes (1. Mos. 9,13), der durch Jesus Christus erneuert wird. Ein mit der christlichen Symbolik vertrauter Zeitgenosse Grünewalds könnte daher in diesem Bild lesen, dass nur der Rettung im Heil fände, der der von Maria gelenkten Kirche angehört - so wie nur die Rettung vor der Vernichtung durch die Sintflut fanden, die sich auf der Arche befanden. Dazu passt, dass über dem Treppenaufgang eine Marienfigur steht - auch dies ist eine Anspielung auf den Ehrentitel Mariens als *„Figura ecclesia“*, als „Bild der Kirche“. Für die mittelalterlichen Theologen war Maria allerdings nicht nur *„Figura ecclesia“*, sondern auch *„Sponsa et mater Ecclesia“*, Braut und Mutter der Kirche zugleich.

Kunsthistoriker weisen jedoch auch daraufhin, dass der Regenbogen auch anders gedeutet werden kann. Der Regenbogen taucht auch in den Visionen der hl. Birgitta von Schweden auf. In diesen Visionen spricht Birgitta von der Muttergottes, die wie der Regenbogen über den Wolken stehe und sich wie dieser zu den Erdbewohnern herabneige, den Guten wie den Bösen mit ihrem Gebet berührend.

Die kronenlose Maria und das geschlossene Gartentor

Für die Deutung Marias als Braut der Kirche ist maßgeblich, dass Maria – anders als auf der Vorstudie Grünewalds – auf dem Gemälde keine Krone trägt. Ihr Halsschmuck weist ebenso auf den Status ihrer Bräutlichkeit hin wie der Ring an der linken Hand und ihr offenes Haar. Ihr Kleid gleicht dem einer Königin; ihre Haartracht ist jedoch die eines einfachen Mädchens, so wie sie im Hohen Lied der Bibel erwähnt wird. Auch das verschlossene Gartentor, die Lilien, der Sitzplatz unter dem Baum, der über den Bienenstöcken angedeutete Honig, der Regenbogen und der Feigenbaum, der sich um ein im Garten stehendes Holzkreuz windet, verweisen auf diesen Bibeltext. Der „Hortus conclusus", den das geschlossene Gartentor andeutet, wird in der Malerei häufig durch die Darstellung von Blumen ergänzt, die zu den marianischen Symbolen zählen. So sind neben den Rosen, den Lilien und der Feige auch Nelke, Weißdorn und Kamille kreisförmig um Maria angeordnet.

Bienenstöcke tauchen allerdings auch in den Visionen der hl. Birgitta von Schweden auf. In dieser Mystik wird Maria einem Bienenkorb gleichgesetzt, in dessen Schoß Gottes Sohn „die hochgelobte Biene" Einkehr nahm. Ähnlich wie beim Regenbogen ist die Darstellung der Bienenstöcke mehrdeutig.

Eine Kopie der Madonna

Zwischen den Jahren 1943 und 1947 kopierte der bekannte und wegen seiner Kenntnisse in altmeisterlicher Maltechnik geschätzte Maler Christian Schad im Auftrag der Stadt Aschaffenburg Grünewalds Madonna. Die Kopie ist heute als Dauerleihgabe in der Stiftskirche St.Peter und Alexander in Aschaffenburg zu besichtigen.

Siehe auch

- Isenheimer Altar
- Trias Romana
- Die Verspottung Christi

Literatur

Zur Stuppacher Madonna

- Brigitte Barz: *Die Stuppacher Madonna.* Urachhaus, Stuttgart 1998. ISBN 3-8251-7193-0
- Tilman Daiber: *Die „Stuppacher Madonna" von Matthias Grünewald.* Untersuchung zur Maltechnik. Hochschulschrift. Akad. der Bildenden Künste, Stuttgart 1999.
- Werner Groß (Hrsg.): *Die Stuppacher Madonna zu Gast im Diözesanmuseum Rottenburg.* Süddeutscher Verlag, Ulm 1999. ISBN 3-88294-280-0
- Elsbeth Wiemann: *Die Stuppacher Madonna.* Ausstellungskatalog. Staatsgalerie, Stuttgart 1998.
- *Lieb, teuer und nicht zu kriegen. Grünewald-Schau in Bayern - Auch die Stuppacher Madonna kommt nicht.* in: *Sonntagsblatt.* Evangelische Wochenzeitung für Bayern. 11. August 2002.
- Bruno Hilsenbeck: *Die Stuppacher Madonna und ihre Botschaft.* Kapellenpflege Stuppacher Madonna in Stuppach-Bad Mergentheim, 4. Aufl. 2004, Großformat mit Interpretationen und Farbabbildungen (Ganz- und Detailansichten)

Über den Maler Matthias Grünewald

- Horst Ziermann, Erika Beissel: *Matthias Grünewald.* Prestel, München 2001. ISBN 3-7913-2432-2
- Berta Reichenauer: *Grünewald*, Kulturverlag Thaur, München 1992. ISBN 3-85395-159-7
- Wilhelm Fraenger: *Grünewald*, Verlag der Kunst, Dresden 1995. ISBN 3-364-00324-6
- Hanns Hubach: *Matthias Grünewald: Der Aschaffenburger Maria-Schnee-Altar. Geschichte — Rekonstruktion — Ikonographie.* Mit einem Exkurs zur Geschichte der Maria Schnee-Legende, ihrer Verbreitung und Illustrationen. (Quellen und Abhandlungen zur mittelrheinischen Kirchengeschichte 77) Mainz 1996. ISBN 3-929135-09-4.
- Anton Kehl: *„Grünewald"-Forschungen*, Kommissionsverlag Ph. C. W. Schmidt, Neustadt an der Aisch, 1964.
- Ludwig A. Mayer: *Neue Erkenntnisse zur Entstehung des Maria-Schnee-Altares und gegenteilige Ansichten zu einigen MGN-Dokumenten*, Aschaffenburger Jahrbuch, Band 22, Geschichts- und Kunstverein Aschaffenburg e.V. 2002, ISBN 3-87965-092-6

Quelle(n) und Bearbeiter des/der Artikel(s)

Christliche Kunst *Quelle*: http://de.wikipedia.org/w/index.php?oldid=64810995 *Bearbeiter*: Basmage, Bertramz, Doktorscholl, Helmut Zenz, Hydro, Johannes Gabriel, Matt1971, NiTenIchiRyu, Omniavincit, Pionic, Segantini, Thornard, Zita, Zombi

Frühchristliche Kunst *Quelle*: http://de.wikipedia.org/w/index.php?oldid=70437904 *Bearbeiter*: Aka, Auto, BKSlink, Boobarkee, Colus, DianeAnna, Doktorscholl, Emdee, Finetuner, Frank Schulenburg, Guffi, Jed, Lionis, Magadan, Marcus Cyron, Merlissimo, Passage, PieRRoMaN, Poupou l'quourouce, RobertLechner, Rr2000, Sargoth, Vipsanius, Wiedemann, YourEyesOnly, 6 anonyme Bearbeitungen

Ikone *Quelle*: http://de.wikipedia.org/w/index.php?oldid=72048243 *Bearbeiter*: .:Ajvol:., 08-15, ALE!, Ablaubaer, Aka, Andy king50, Aphaia, Asb, Asdrubal, Asia Minor, Aths, Axarches, Baldhur, Battenberg-Gietl, Bender235, Bernhard55, Bradypus, Brenskegallery, Bärski, Carbidfischer, Cherubino, Chriusha, Ckeen, Elian, Exil, Eynre, Fontifex, Geos, Gerhardvalentin, Gugganij, HaeB, Hans Bug, Helmut Zenz, Hutschi, Ilya L, Inspektor.Godot, Irmgard, JCIV, JakobVoss, Jegudiel, Jesusfreund, Johannes Götte, JonnyBrazil, Julius1990, Kalligraph, Kanibi, Kleopatra888, LaScriba, Langsamkommenlassen, Lionis, Löffl, Magadan, Marilyn.hanson, Mario todte, Melchior2006, Mertin58, Mikano, Mike-volto, Nolispanmo, Obersachse, Olag, Oracle of Truth, Orjen, Peter200, Pfarrer, Quaerens07, Ralf Gartner, Robodoc, Romanm, Siehe-auch-Löscher, Simon morsink, Smial, Spuk968, Sultan Edijingo, Sven-steffen arndt, Tafkas, Turris Davidica, Vergina, Versailleslover, Wst, 98 anonyme Bearbeitungen

Marienbildnis *Quelle*: http://de.wikipedia.org/w/index.php?oldid=70790321 *Bearbeiter*: 3268zauber, Aka, BS Thurner Hof, Chris2001, Dein Freund der Baum, Désirée2, Eggi, Elian, Frank-m, Georg Slickers, Gregor Bert, Head, Helmut Zenz, Kresspahl, Leider, Magadan, Mike Krüger, Nebukatnezar, Papa1234, Papiermond, Passage, Poupou l'quourouce, Thomas Schulte im Walde, W!B:, WIKImaniac, Wst, Xdr56tfc, °, 5 anonyme Bearbeitungen

Nikopoia *Quelle*: http://de.wikipedia.org/w/index.php?oldid=47042877 *Bearbeiter*: Anne Will nicht, Evenstar, Gregor Bert, Passage, Poupou l'quourouce, W!B:, WIKImaniac, Wiegels

Maria orans *Quelle*: http://de.wikipedia.org/w/index.php?oldid=47997318 *Bearbeiter*: Blaufisch, Elian, Framhein, Head, Kungfuman, Passage, Poupou l'quourouce, Reiner Stoppok, Stefan64, Tobnu, W!B:, WasserFreund, 2 anonyme Bearbeitungen

Muttergottes vom Zeichen *Quelle*: http://de.wikipedia.org/w/index.php?oldid=69987788 *Bearbeiter*: Buchhändler, Chris2001, Emes, Framhein, Havelbaude, Tröte, 1 anonyme Bearbeitungen

Eleusa *Quelle*: http://de.wikipedia.org/w/index.php?oldid=70501629 *Bearbeiter*: Chris2001, Olag, Parakletes

Maria lactans *Quelle*: http://de.wikipedia.org/w/index.php?oldid=71220796 *Bearbeiter*: Alfons2, Carolin, Dein Freund der Baum, Ernst Schwartz, Evenstar, Flominator, Gregor Bert, Highpriority, Karstenkascais, Matt1971, Phrood, Sailko, Shakko, Sr. F, Stullkowski, Video2005, W!B:, Wiegels, 5 anonyme Bearbeitungen

Schutzmantelmadonna *Quelle*: http://de.wikipedia.org/w/index.php?oldid=67946117 *Bearbeiter*: 4tilden, Alexander Orth, Asthenop, Asthma, Axarches, CommonsDelinker, Diba, EPei, Fb78, Fifat, Gabor, Gregor Bert, Hansjörg, Helmut Zenz, Herrick, Hopsee, Hubertl, Magadan, Olivetti, Otfried Lieberknecht, P. Birken, Parpan05, Passage, Poupou l'quourouce, Schmelzle, Steffen, TomK32, Widipedia, Wst, Zenit, 13 anonyme Bearbeitungen

Mondsichelmadonna *Quelle*: http://de.wikipedia.org/w/index.php?oldid=68601934 *Bearbeiter*: 3268zauber, AndreasPraefcke, Asthma, Don Magnifico, Dr. Meierhofer, Gregor Bert, Hawobo, Helmut Zenz, Johann Jaritz, Kladson, Passage, Piflaser, Poupou l'quourouce, R. Nackas, Rabe!, Steffen, Thomas Springer, Wst, YourEyesOnly, 9 anonyme Bearbeitungen

Weicher Stil *Quelle*: http://de.wikipedia.org/w/index.php?oldid=69889547 *Bearbeiter*: AlMa77, AndreasPraefcke, Carolina1987, Deutschlandartikelveränderer, Désirée2, Kresspahl, Phrood, Roland Kutzki, Roll-Stone, 11 anonyme Bearbeitungen

Schwarze Madonna *Quelle*: http://de.wikipedia.org/w/index.php?oldid=71762337 *Bearbeiter*: 32X, 4tilden, APPER, Aerocat, Alberich21, AlexR, Aloiswuest, Andreas Groß, AndreasPraefcke, Ardo Beltz, Balham Bongos, Baumfreund-FFM, Besserwisserhochdrei, Bärski, Catrin, Chigliak, Chiuvana, Chrisfrenzel, Chrisha, Clemensfranz, Daniel FR, Echtner, Emdee, Emes, Eruedin, Filosof, FordPrefect42, G. Bach, GiordanoBruno, Gregor Bert, Gudrun Meyer, Guisquil, HaeB, Hajoc73, HansCastorp, Heartbeaz, Helmut Zenz, Hewa, Hieronymus38, High Contrast, Hopsee, Irmgard, Janurah, Jean, Johannes Bae., Justy, Jutta234, KBWEi, Kanzaki, Karstenkascais, Kladson, Knallexus, Knorck, Konrad Lackerbeck, Krawi, LKD, Langec, Liberatus, Lombardelli, Lou.gruber, Magadan, Manuel Heinemann, Martin-D1, McFred, Mp.ch, Olaf Studt, Olag, Oltau, Onkelkoeln, Ottomuc, P. Birken, Pacifier, Pessottino, Peter200, Peterlustig, Raboe001, Rauenstein, ReqEngineer, RickyHH, Robert Huber, Rolandkroelll, Sabart, Sirrus, Skipper69, Sultan Edijingo, Superbass, Varina, Wamito, WolfgangRieger, Wst, Yellowcard, YourEyesOnly, Zenit, 84 anonyme Bearbeitungen

Madonna im Rosenhag *Quelle*: http://de.wikipedia.org/w/index.php?oldid=68896638 *Bearbeiter*: Chleo, Chrisfrenzel, Edelseider, Gregor Bert, Lewenstein, Passage, Pflastertreter, Poupou l'quourouce, WIKImaniac, Wst, °, 7 anonyme Bearbeitungen

Maria im Paradiesgarten *Quelle*: http://de.wikipedia.org/w/index.php?oldid=65587462 *Bearbeiter*: Noddy93, Passage, Poupou l'quourouce, Raymond, Reiner Stoppok, W!B:

Hortus conclusus *Quelle*: http://de.wikipedia.org/w/index.php?oldid=66299312 *Bearbeiter*: Asthma, BS Thurner Hof, Clemensfranz, Doktorscholl, Geppo, Greenhorn, Gregor Bert, Helmut Zenz, Parakletes, Passage, Poupou l'quourouce, RTH, °, 3 anonyme Bearbeitungen

Anna selbdritt *Quelle*: http://de.wikipedia.org/w/index.php?oldid=70801108 *Bearbeiter*: AHZ, Acf, AndreasPraefcke, Androl, ApoStuffz, Bene16, ChristianBier, Ciceronl, Dyll, Emes, Ephraim33, Feba, Flirsch76, FordPrefect42, Giro, Gregor Bert, HCKOESTER, Hablu, Hans Koberger, Helmut Zenz, Herrick, Historiograf, Igrimm12, Klugschnacker, Kresspahl, Lelaina, Marcus Cyron, Mihai Andrei, Mkerscher, Muck, Oliver Wiesendanger, Passage, Poupou l'quourouce, Prekario, Rufus46, Schweigen, Shakko, Sibiuaner, Sisal13, Srbauer, Stefan Kühn, Steffen, Thorsten1, Toffel, Wst, 20 anonyme Bearbeitungen

Englischer Gruß *Quelle*: http://de.wikipedia.org/w/index.php?oldid=67493197 *Bearbeiter*: Aktions, AndreasPraefcke, Asthma, Behemoth, Christian Günther, Cleverboy, Darkone, DerSchim, Elmcroft, Enzian44, FordPrefect42, FredericII, Gregor Bert, Helmut Zenz, Hewa, Jesusfreund, Lutz Terheyden, Mnh, Parakletes, Priwo, ProfessorX, Simplicius, Sziklai, Taxiarchos228, Tobi B., Turris Davidica, Widipedia, Wst, 17 anonyme Bearbeitungen

Pietà *Quelle*: http://de.wikipedia.org/w/index.php?oldid=70443760 *Bearbeiter*: 32X, Amire80, Andim, Arup, Baird's Tapir, Bwag, Claus G aus E, Dagdor, Der wahre Jakob, Doktorscholl, Dr. Schwaab, Dunnhaupt, Eschweiler, Fb78, Fuzztone, Gerhard51, Gregor Bert, Gugganij, HaSee, Hans-Juergen Luntzer, Helmut Zenz, Henriette Fiebig, Jazzinaria, Jesusfreund, Jolo, Jón, Kresspahl, Matt1971, Media lib, Oxymoron83, Passage, Poupou l'quourouce, Rabanus Flavus, Ralf Gartner, Rdb, RobertLechner, Rsuessbr, Scooter, Sechmet, Seewolf, Taxiarchos228, Thomas Strauch Dudweiler, Thorbjoern, TomAlt, Turris Davidica, Umweltschützen, W!B:, Wst, YourEyesOnly, 36 anonyme Bearbeitungen

Goldene Madonna *Quelle*: http://de.wikipedia.org/w/index.php?oldid=70944891 *Bearbeiter*: AF666, Andrsvoss, Azog, Blumenpflücker, Br, Carbidfischer, Detlef thomas, Doktorscholl, Don Magnifico, Elya, Felistoria, Felix Stember, GDK, GS, Goldjunge, Grani, Helmut Zenz, Hermannthomas, Herrick, High Contrast, JCS, Janneman, Jutta234, Kristina Walter, Liesel, Löschfix, MAY, MichaelDiederich, Michail, Mnh, Netzteil, Pflastertreter, Phrood, Plehn, Poupou l'quourouce, Proofreader, Revvar, Solid State, Ssch, Summ, Taxiarchos228, Tobnu, Ulula, Uwe Gille, W.wolny, Wesener, WortUmBruch, °, 21 anonyme Bearbeitungen

Sixtinische Madonna *Quelle*: http://de.wikipedia.org/w/index.php?oldid=70543978 *Bearbeiter*: AHZ, ASK, Arcy, BenZin, Bildsymbol123, Bonio, Boonekamp, Cäsium137, DaB., Diba, Eingangskontrolle, Felistoria, Gancho, Geo-Loge, Gregor Bert, Hans Bug, Harro von Wuff, Helmut Zenz, JBirken, Julius1990, Lewenstein, Macador, Nazareth, Obersachse, Passage, Poupou l'quourouce, Saltose, Sd5, Shelog, Sinn, Snotty, Steffen, THOMAS, Telrúnya, Verkhovensky Voices, Weltall, 27 anonyme Bearbeitungen

Stuppacher Madonna *Quelle*: http://de.wikipedia.org/w/index.php?oldid=68120927 *Bearbeiter*: AF666, Achim Raschka, AnRo0002, Androl, BS Thurner Hof, Barb, Boonekamp, Buergi, Carbidfischer, Concord, DaB., Dealerofsalvation, Dundak, Ephraim33, ErikDunsing, Flo89, Florian Adler, Gary Dee, Gerhard51, Gregor Bert, Heinte, Helmut Zenz, Howwi, Jossi, Leit, Leppus, Lewenstein, Ludwig Mayer, Löschfix, Manuel Heinemann, Markus Mueller, Monie, Mow-Cow, Nito, Olaf Studt, Orwlska, Paddy, Parvati, Passage, Perrak, Phrood, Piktor08, Poupou l'quourouce, Roll-Stone, Rosenzweig, Roy, Schlurcher, Schubbay, Snotty, Stefan h, Steffen, Störfix, Symposiarch, Teiresias, Thorbjoern, Turris Davidica, UPH, Viktoremeljanor, W!B:, Wst, 31 anonyme Bearbeitungen

Quelle(n), Lizenz(en) und Autor(en) des Bildes

Datei:Fra Angelico 003.jpg *Quelle*: http://de.wikipedia.org/w/index.php?title=Datei:Fra_Angelico_003.jpg *Lizenz*: Public Domain *Bearbeiter*: AndreasPraefcke, Bohème, EDUCA33E, Mattes, Sailko

Datei:KellsFol292rIncipJohn.jpg *Quelle*: http://de.wikipedia.org/w/index.php?title=Datei:KellsFol292rIncipJohn.jpg *Lizenz*: unbekannt *Bearbeiter*: Dsmdgold, Jijinmachina, Kurpfalzbilder.de, Mattes, Phil Boswell, Yelm

Datei:Madonna catacomb.jpg *Quelle*: http://de.wikipedia.org/w/index.php?title=Datei:Madonna_catacomb.jpg *Lizenz*: unbekannt *Bearbeiter*: G.dallorto, Lalupa, Leinad-Z, Wst

Datei:Sarcophagus of Junius Bassus - Cast in Rome.jpg *Quelle*: http://de.wikipedia.org/w/index.php?title=Datei:Sarcophagus_of_Junius_Bassus_-_Cast_in_Rome.jpg *Lizenz*: Attribution *Bearbeiter*: user:G.dallorto, user:G.dallorto

Datei:Good shepherd 01.jpg *Quelle*: http://de.wikipedia.org/w/index.php?title=Datei:Good_shepherd_01.jpg *Lizenz*: unbekannt *Bearbeiter*: G.dallorto, Lalupa, Leinad-Z, 1 anonyme Bearbeitungen

Datei:Vladimirskaya.jpg *Quelle*: http://de.wikipedia.org/w/index.php?title=Datei:Vladimirskaya.jpg *Lizenz*: unbekannt *Bearbeiter*: .:Ajvol:., AndreasPraefcke, Aphaia, Berillium, Butko, Paddy, Razr, Shakko, Ustas, Warburg, Wp, Wst

Datei:Spas vsederzhitel sinay.jpg *Quelle*: http://de.wikipedia.org/w/index.php?title=Datei:Spas_vsederzhitel_sinay.jpg *Lizenz*: unbekannt *Bearbeiter*: anonimus

Datei:Byzantinische Ikone Madonna von Zvonik.jpg *Quelle*: http://de.wikipedia.org/w/index.php?title=Datei:Byzantinische_Ikone_Madonna_von_Zvonik.jpg *Lizenz*: unbekannt *Bearbeiter*: Bender235, Jesusfreund, Nicolas G., 2 anonyme Bearbeitungen

Datei:Ohrid annunciation icon.jpg *Quelle*: http://de.wikipedia.org/w/index.php?title=Datei:Ohrid_annunciation_icon.jpg *Lizenz*: unbekannt *Bearbeiter*: Original uploader was Ghirlandajo at en.wikipedia

Datei:Virgin_Psychosostria_Ohrid14th_century.jpg *Quelle*: http://de.wikipedia.org/w/index.php?title=Datei:Virgin_Psychosostria_Ohrid14th_century.jpg *Lizenz*: unbekannt *Bearbeiter*: ChristianBier, Dein Freund der Baum, Orjen

Datei:Ikone_Decani.jpg *Quelle*: http://de.wikipedia.org/w/index.php?title=Datei:Ikone_Decani.jpg *Lizenz*: GNU Free Documentation License *Bearbeiter*: BLueFiSH.as, Flominator, Orjen

Datei:Icon Tatiana Chirikova 01 09.jpg *Quelle*: http://de.wikipedia.org/w/index.php?title=Datei:Icon_Tatiana_Chirikova_01_09.jpg *Lizenz*: Creative Commons Attribution-Sharealike 3.0 *Bearbeiter*: User:Chriusha

Datei:Icon Tatiana Chirikova 02 09.jpg *Quelle*: http://de.wikipedia.org/w/index.php?title=Datei:Icon_Tatiana_Chirikova_02_09.jpg *Lizenz*: Creative Commons Attribution-Sharealike 3.0 *Bearbeiter*: User:Chriusha

Datei:Icon Tatiana Chirikova Sketch 01 09.jpg *Quelle*: http://de.wikipedia.org/w/index.php?title=Datei:Icon_Tatiana_Chirikova_Sketch_01_09.jpg *Lizenz*: Creative Commons Attribution-Sharealike 3.0 *Bearbeiter*: User:Chriusha

Datei:Icon Tatiana Chirikova Sketch 02 09.jpg *Quelle*: http://de.wikipedia.org/w/index.php?title=Datei:Icon_Tatiana_Chirikova_Sketch_02_09.jpg *Lizenz*: Creative Commons Attribution-Sharealike 3.0 *Bearbeiter*: User:Chriusha

Datei:Rublev's saviour.jpg *Quelle*: http://de.wikipedia.org/w/index.php?title=Datei:Rublev's_saviour.jpg *Lizenz*: unbekannt *Bearbeiter*: .:Ajvol:., Alex Bakharev, AndreasPraefcke, Shakko, Wst

Image:Martin Schongauer 003.jpg *Quelle*: http://de.wikipedia.org/w/index.php?title=Datei:Martin_Schongauer_003.jpg *Lizenz*: Public Domain *Bearbeiter*: AndreasPraefcke, Bohème, Emijrp, Jastrow, Wst, 2 anonyme Bearbeitungen

Bild:Apse mosaic SM Maggiore.jpg *Quelle*: http://de.wikipedia.org/w/index.php?title=Datei:Apse_mosaic_SM_Maggiore.jpg *Lizenz*: Public Domain *Bearbeiter*: User:Jastrow

Bild:Икона-Божией-Матери-Троеручица.jpg *Quelle*: http://de.wikipedia.org/w/index.php?title=Datei:Икона-Божией-Матери-Троеручица.jpg *Lizenz*: Public Domain *Bearbeiter*: KAK, Shakko, W!B:, Порфирий, 1 anonyme Bearbeitungen

Bild:Madonna_ghana.jpg *Quelle*: http://de.wikipedia.org/w/index.php?title=Datei:Madonna_ghana.jpg *Lizenz*: unbekannt *Bearbeiter*: Eggi

Bild:Sainte-Sophie-Theotokos.jpg *Quelle*: http://de.wikipedia.org/w/index.php?title=Datei:Sainte-Sophie-Theotokos.jpg *Lizenz*: GNU Free Documentation License *Bearbeiter*: Editor at Large, G.dallorto, Gryffindor, MishaPan, Phi-Gastrein, Shakko, Wst

Bild:Svanhild-Evangeliar.jpg *Quelle*: http://de.wikipedia.org/w/index.php?title=Datei:Svanhild-Evangeliar.jpg *Lizenz*: unbekannt *Bearbeiter*: Svanhild, Abbess of Essen

Bild:Oranta.jpg *Quelle*: http://de.wikipedia.org/w/index.php?title=Datei:Oranta.jpg *Lizenz*: unbekannt *Bearbeiter*: не известен

Datei:Fedorovskaya.jpg *Quelle*: http://de.wikipedia.org/w/index.php?title=Datei:Fedorovskaya.jpg *Lizenz*: unbekannt *Bearbeiter*: .:Ajvol:., AndreasPraefcke, AndreyA, Butko, Goldfritha, Paddy, Ranveig, Testus, Ustas, Wp, Wst, Александр Сигачёв

Image:Pochaevskaya.jpg *Quelle*: http://de.wikipedia.org/w/index.php?title=Datei:Pochaevskaya.jpg *Lizenz*: Public Domain *Bearbeiter*: Roman Z

Bild:Meister der Heiligen Magdalena 001.jpg *Quelle*: http://de.wikipedia.org/w/index.php?title=Datei:Meister_der_Heiligen_Magdalena_001.jpg *Lizenz*: Public Domain *Bearbeiter*: AndreasPraefcke, Evrik, Havang(nl), Jutta234, Vincent Steenberg, Wst, Xenophon

Bild:Jan van Eyck 076.jpg *Quelle*: http://de.wikipedia.org/w/index.php?title=Datei:Jan_van_Eyck_076.jpg *Lizenz*: Public Domain *Bearbeiter*: AndreasPraefcke, Felistoria, Melkom, Salix, Stomme, Wst

File:Via san gallo-via delle ruote, tabernacolo di andrea di bonaiuto, Madonna in trono con bambino e Sant'Apollonia 02.JPG *Quelle*: http://de.wikipedia.org/w/index.php?title=Datei:Via_san_gallo-via_delle_ruote,_tabernacolo_di_andrea_di_bonaiuto,_Madonna_in_trono_con_bambino_e_Sant'Apollonia_02.JPG *Lizenz*: Creative Commons Attribution 2.5 *Bearbeiter*: user:sailko

Bild:Mlekopit.jpg *Quelle*: http://de.wikipedia.org/w/index.php?title=Datei:Mlekopit.jpg *Lizenz*: unbekannt *Bearbeiter*: anonimous

Bild:Transfiguration Raphael.jpg *Quelle*: http://de.wikipedia.org/w/index.php?title=Datei:Transfiguration_Raphael.jpg *Lizenz*: unbekannt *Bearbeiter*: Raffaello SanzioRaphaël

Bild:Schutzmantelmadonna_Überlingen.jpg *Quelle*: http://de.wikipedia.org/w/index.php?title=Datei:Schutzmantelmadonna_Überlingen.jpg *Lizenz*: unbekannt *Bearbeiter*: AndreasPraefcke, Fb78, Umherirrender, 3 anonyme Bearbeitungen

Bild:Maria Gail Pfarrkirche Hochaltar Schutzmantelmadonna 12012008 42.jpg *Quelle*: http://de.wikipedia.org/w/index.php?title=Datei:Maria_Gail_Pfarrkirche_Hochaltar_Schutzmantelmadonna_12012008_42.jpg *Lizenz*: Creative Commons Attribution-Sharealike 3.0 *Bearbeiter*: User:Johann Jaritz

Bild:Sogn Gieri Maria.jpg *Quelle*: http://de.wikipedia.org/w/index.php?title=Datei:Sogn_Gieri_Maria.jpg *Lizenz*: Creative Commons Attribution-Sharealike 2.5 *Bearbeiter*: User:Parpan05

Datei:Ueberlinger_Muenster_Madonna.jpg *Quelle*: http://de.wikipedia.org/w/index.php?title=Datei:Ueberlinger_Muenster_Madonna.jpg *Lizenz*: unbekannt *Bearbeiter*: AndreasPraefcke, Fb78, Umherirrender, Xenophon

Datei:Kinsau_WM_Waldkapelle_Madonna_mit_Jesuskind.jpg *Quelle*: http://de.wikipedia.org/w/index.php?title=Datei:Kinsau_WM_Waldkapelle_Madonna_mit_Jesuskind.jpg *Lizenz*: Public Domain *Bearbeiter*: User:Thomas Springer

Datei:Amaro Mondsichelmadonna 13102007 51.jpg *Quelle*: http://de.wikipedia.org/w/index.php?title=Datei:Amaro_Mondsichelmadonna_13102007_51.jpg *Lizenz*: Creative Commons Attribution-Sharealike 3.0 *Bearbeiter*: User:Johann Jaritz

Datei:Mondsichelmadonna.JPG *Quelle*: http://de.wikipedia.org/w/index.php?title=Datei:Mondsichelmadonna.JPG *Lizenz*: Creative Commons Attribution-Sharealike 3.0 *Bearbeiter*: User:3268zauber

Datei:Horb Stiftskirche Horber Madonna.jpg *Quelle*: http://de.wikipedia.org/w/index.php?title=Datei:Horb_Stiftskirche_Horber_Madonna.jpg *Lizenz*: Creative Commons Attribution 3.0 *Bearbeiter*: Photo: Andreas Praefcke

Datei:André Beauneveu 002.jpg *Quelle*: http://de.wikipedia.org/w/index.php?title=Datei:André_Beauneveu_002.jpg *Lizenz*: Public Domain *Bearbeiter*: Dsmdgold, EDUCA33E, Man vyi, RobertLechner, Wst, 1 anonyme Bearbeitungen

Datei:Meister Francke 005.jpg *Quelle*: http://de.wikipedia.org/w/index.php?title=Datei:Meister_Francke_005.jpg *Lizenz*: Public Domain *Bearbeiter*: Diomede

Bild:Czestochowska.jpg *Quelle*: http://de.wikipedia.org/w/index.php?title=Datei:Czestochowska.jpg *Lizenz*: unbekannt *Bearbeiter*: AnonMoos, Emman, FxJ, Goldfritha, Jcornelius, Shakko, Wst, 3 anonyme Bearbeitungen

Bild:Schwarze Madonna.jpg *Quelle*: http://de.wikipedia.org/w/index.php?title=Datei:Schwarze_Madonna.jpg *Lizenz*: Creative Commons Attribution-Sharealike 2.5 *Bearbeiter*: Martin-D, Shakko, Warburg, Wst

Datei:Stefan Lochner 007.jpg *Quelle*: http://de.wikipedia.org/w/index.php?title=Datei:Stefan_Lochner_007.jpg *Lizenz*: Public Domain *Bearbeiter*: Aotake, Bohème, Goldfritha, Kurpfalzbilder.de, Mattes, Ribberlin, Shakko, Wst, 1 anonyme Bearbeitungen

Datei:Martin Schongauer Madonna in Rose Garden .jpg *Quelle*: http://de.wikipedia.org/w/index.php?title=Datei:Martin_Schongauer_Madonna_in_Rose_Garden_.jpg *Lizenz*: unbekannt *Bearbeiter*: Justass, 1 anonyme Bearbeitungen

Datei:Eyck_madonna_rolin.jpg *Quelle*: http://de.wikipedia.org/w/index.php?title=Datei:Eyck_madonna_rolin.jpg *Lizenz*: unbekannt *Bearbeiter*: Kilom691, Man vyi, Mattes, Menze, Sailko, Salignac, Shakko, Vincent Steenberg, Wst

Datei:Meister des Frankfurter Paradiesgärtleins 001.jpg *Quelle*: http://de.wikipedia.org/w/index.php?title=Datei:Meister_des_Frankfurter_Paradiesgärtleins_001.jpg *Lizenz*: Public Domain *Bearbeiter*: AndreasPraefcke, I.Sáček, senior, Melkom, Shakko

Datei:Anna selbstdritt Koelner Werkstatt WHML.jpg *Quelle*: http://de.wikipedia.org/w/index.php?title=Datei:Anna_selbstdritt_Koelner_Werkstatt_WHML.jpg *Lizenz*: Public Domain *Bearbeiter*: Kölner Werkstatt

Datei:Leonardo da Vinci 020.jpg *Quelle*: http://de.wikipedia.org/w/index.php?title=Datei:Leonardo_da_Vinci_020.jpg *Lizenz*: Public Domain *Bearbeiter*: AndreasPraefcke, BurgererSF, Czarnoglowa, EDUCA33E, Emijrp, Mats Halldin, Mattes, Miniwark, Papa November, Schaengel89, Shakko, Wst, ZioNicco, 1 anonyme Bearbeitungen

Bild:Giotto - Scrovegni - -08- - Presentation of the Virgin in the Temple.jpg *Quelle*: http://de.wikipedia.org/w/index.php?title=Datei:Giotto_-_Scrovegni_-_-08-_-_Presentation_of_the_Virgin_in_the_Temple.jpg *Lizenz*: unbekannt *Bearbeiter*: AndreasPraefcke, G.dallorto, Kairios, Olivier2, Petrusbarbygere, Sailko, Wst, 1 anonyme Bearbeitungen

Image:Fronreute Staig Kapelle Votivbild 1.jpg *Quelle*: http://de.wikipedia.org/w/index.php?title=Datei:Fronreute_Staig_Kapelle_Votivbild_1.jpg *Lizenz*: Public Domain *Bearbeiter*: Andreas Praefcke

Image:St.-Anna Wallfahrt 19.Jh München.jpg *Quelle*: http://de.wikipedia.org/w/index.php?title=Datei:St.-Anna_Wallfahrt_19.Jh_München.jpg *Lizenz*: unbekannt *Bearbeiter*: unknown

Datei:!angelico7a.jpg *Quelle*: http://de.wikipedia.org/w/index.php?title=Datei:!angelico7a.jpg *Lizenz*: Free Art License *Bearbeiter*: Angelico

Datei:Pietro Perugino 063.jpg *Quelle*: http://de.wikipedia.org/w/index.php?title=Datei:Pietro_Perugino_063.jpg *Lizenz*: Public Domain *Bearbeiter*: AndreasPraefcke, EDUCA33E, Jastrow, Mac9, UrLunkwill

Datei:Dinkelsbühl_St_Georg_3709.jpg *Quelle*: http://de.wikipedia.org/w/index.php?title=Datei:Dinkelsbühl_St_Georg_3709.jpg *Lizenz*: Creative Commons Attribution 3.0 *Bearbeiter*: User:Moros

Datei:Piéta_Ersdorf,_Foto_Christoph_Hüber.jpg *Quelle*: http://de.wikipedia.org/w/index.php?title=Datei:Piéta_Ersdorf,_Foto_Christoph_Hüber.jpg *Lizenz*: Creative Commons Attribution-Sharealike 2.0 *Bearbeiter*: Christoph Hüber

Datei:Michelangelo Pieta Firenze.jpg *Quelle*: http://de.wikipedia.org/w/index.php?title=Datei:Michelangelo_Pieta_Firenze.jpg *Lizenz*: GNU Free Documentation License *Bearbeiter*: AndreasPraefcke, G.dallorto, Hans-Juergen Luntzer, Louis-garden, Sailko, 1 anonyme Bearbeitungen

Datei:Eglise_Saint-Monna,_Mater_dolorosa.JPG *Quelle*: http://de.wikipedia.org/w/index.php?title=Datei:Eglise_Saint-Monna,_Mater_dolorosa.JPG *Lizenz*: Creative Commons Attribution-Sharealike 3.0 *Bearbeiter*: Gilbert LE MOIGNE

Datei:Vincent Willem van Gogh 083.jpg *Quelle*: http://de.wikipedia.org/w/index.php?title=Datei:Vincent_Willem_van_Gogh_083.jpg *Lizenz*: Public Domain *Bearbeiter*: AndreasPraefcke, EDUCA33E, Emijrp, Ilse@, Olivier2, UrLunkwill, W.

Datei:Eschweiler_Lederpieta.jpg *Quelle*: http://de.wikipedia.org/w/index.php?title=Datei:Eschweiler_Lederpieta.jpg *Lizenz*: GNU Free Documentation License *Bearbeiter*: user:Timo_Beil

Datei:Algermissen Pietà.jpg *Quelle*: http://de.wikipedia.org/w/index.php?title=Datei:Algermissen_Pietà.jpg *Lizenz*: Public Domain *Bearbeiter*: User:Rabanus Flavus

Datei:Berlin_Regina_Martyrum_Pietà.jpg *Quelle*: http://de.wikipedia.org/w/index.php?title=Datei:Berlin_Regina_Martyrum_Pietà.jpg *Lizenz*: Public Domain *Bearbeiter*: User:Rabanus Flavus

Datei:Goldene_madonna-2.jpg *Quelle*: http://de.wikipedia.org/w/index.php?title=Datei:Goldene_madonna-2.jpg *Lizenz*: GNU Free Documentation License *Bearbeiter*: User:Detlef thomas

Datei:Essen Dom Westwerk2.jpg *Quelle*: http://de.wikipedia.org/w/index.php?title=Datei:Essen_Dom_Westwerk2.jpg *Lizenz*: GNU Free Documentation License *Bearbeiter*: Beckstet

Datei:Golden Madonna.jpg *Quelle*: http://de.wikipedia.org/w/index.php?title=Datei:Golden_Madonna.jpg *Lizenz*: GNU Free Documentation License *Bearbeiter*: Martin Engelbrecht

Datei:Markuskreuz01.jpg *Quelle*: http://de.wikipedia.org/w/index.php?title=Datei:Markuskreuz01.jpg *Lizenz*: GNU Free Documentation License *Bearbeiter*: Goldjunge

Datei:Markuskreuz02.jpg *Quelle*: http://de.wikipedia.org/w/index.php?title=Datei:Markuskreuz02.jpg *Lizenz*: GNU Free Documentation License *Bearbeiter*: Benutzer:goldjunge

Datei:Raffael6.jpg *Quelle*: http://de.wikipedia.org/w/index.php?title=Datei:Raffael6.jpg *Lizenz*: Public Domain *Bearbeiter*: Original uploader was Hans Bug at de.wikipedia

Datei:Raffaels_Angels.jpg *Quelle*: http://de.wikipedia.org/w/index.php?title=Datei:Raffaels_Angels.jpg *Lizenz*: GNU Free Documentation License *Bearbeiter*: JoJan, Jonathan Groß, Man vyi, THOMAS, Xenophon

Datei:Mathis Gothart Grünewald 001.jpg *Quelle*: http://de.wikipedia.org/w/index.php?title=Datei:Mathis_Gothart_Grünewald_001.jpg *Lizenz*: Public Domain *Bearbeiter*: AnRo0002, Bullenwächter, Shakko, 1 anonyme Bearbeitungen

Bild:Mathis Gothart Grünewald 003.jpg *Quelle*: http://de.wikipedia.org/w/index.php?title=Datei:Mathis_Gothart_Grünewald_003.jpg *Lizenz*: Public Domain *Bearbeiter*: AnRo0002, AndreasPraefcke, Gerhard51

Bild:Mathis Gothart Grünewald 043.jpg *Quelle*: http://de.wikipedia.org/w/index.php?title=Datei:Mathis_Gothart_Grünewald_043.jpg *Lizenz*: Public Domain *Bearbeiter*: Olivier2

Bild:Leonardo da Vinci 029.jpg *Quelle*: http://de.wikipedia.org/w/index.php?title=Datei:Leonardo_da_Vinci_029.jpg *Lizenz*: Public Domain *Bearbeiter*: AndreasPraefcke, Czarnoglowa, EDUCA33E, Lumijaguaari, Mattes, Miniwark, Thuresson

Bild:Pomegranate.jpg *Quelle*: http://de.wikipedia.org/w/index.php?title=Datei:Pomegranate.jpg *Lizenz*: unbekannt *Bearbeiter*: User:Fir0002

Bild:Mathis Gothart Grünewald 002.jpg *Quelle*: http://de.wikipedia.org/w/index.php?title=Datei:Mathis_Gothart_Grünewald_002.jpg *Lizenz*: Public Domain *Bearbeiter*: AnRo0002

MIX
Papier aus verantwortungsvollen Quellen
Paper from responsible sources
FSC® C105338

Printed by Books on Demand GmbH, Norderstedt / Germany